¿PORQUÉ SOY TAN DISTRAÍDO?

Descubre Cómo Dejar de ser una Persona Despistada y Obtén una Concentración Superhumana en Poco Tiempo

ALEXIS FISCHER

© Copyright 2021 – Alexis Fischer - Todos los derechos reservados.

Este documento está orientado a proporcionar información exacta y confiable con respecto al tema tratado. La publicación se vende con la idea de que el editor no tiene la obligación de prestar servicios oficialmente autorizados o de otro modo calificados. Si es necesario un consejo legal o profesional, se debe consultar con un individuo practicado en la profesión.

- Tomado de una Declaración de Principios que fue aceptada y aprobada por unanimidad por un Comité del Colegio de Abogados de Estados Unidos y un Comité de Editores y Asociaciones.

De ninguna manera es legal reproducir, duplicar o transmitir cualquier parte de este documento en forma electrónica o impresa.

La grabación de esta publicación está estrictamente prohibida y no se permite el almacenamiento de este documento a menos que cuente con el permiso por escrito del editor. Todos los derechos reservados.

La información provista en este documento es considerada veraz y coherente, en el sentido de que cualquier responsabilidad, en términos de falta de atención o de otro tipo, por el uso o abuso de cualquier política, proceso o dirección contenida en el mismo, es responsabilidad absoluta y exclusiva del lector receptor. Bajo ninguna circunstancia se responsabilizará legalmente al editor por cualquier reparación, daño o pérdida monetaria como consecuencia de la información contenida en este documento, ya sea directa o indirectamente.

Los autores respectivos poseen todos los derechos de autor que no pertenecen al editor.

La información contenida en este documento se ofrece únicamente con fines informativos, y es universal como tal. La presentación de la información se realiza sin contrato y sin ningún tipo de garantía endosada.

El uso de marcas comerciales en este documento carece de consentimiento, y la publicación de la marca comercial no tiene ni el permiso ni el respaldo del propietario de la misma.

Todas las marcas comerciales dentro de este libro se usan solo para fines de aclaración y pertenecen a sus propietarios, quienes no están relacionados con este documento.

Índice

Introducción	vii
1. Organiza tu tiempo	1
2. Técnicas complementarias	35
3. Técnicas de crecimiento personal	53
4. Mejora tu ambiente de trabajo	63
5. Préstale atención a tu salud	75
6. Invierte en tu descanso	103
7. Evalúa tu progreso	113
8. Sácale provecho a tu tiempo libre	125
9. Herramientas útiles	135
Conclusión	163

Introducción

La concentración es una divisa difícil de conseguir hoy en día ya que vivimos en un mundo lleno de distracciones. Así que, ¿qué podemos hacer al respecto?, ¿cómo obtenemos la mayor cantidad de concentración posible para lograr aquello que nos propongamos? ¿Cómo podemos asegurarnos de que no estamos desperdiciando nuestro tiempo?

La respuesta es que debemos construir hábitos y seguir ideas que nos ayuden a eliminar las distracciones. Debemos moldear nuestro propio éxito cambiando nuestra mentalidad y construyendo una mayor resistencia a las distracciones. Es necesario que combinemos diferentes ideas para que podamos maximizar nuestros resultados.

Introducción

En este libro te mostraré cómo hacer justamente eso, cómo tomar las mejores técnicas, filosofías, y habilidades y desarrollarlas al máximo para obtener los resultados que estás buscando.

Ten en cuenta que este es un libro que va directo al grano. No quiero perder el tiempo estudiando las teorías detrás de cada enfoque que vas a aprender, al fin y al cabo, esto puede simplemente contribuir a tu distracción, y así el objetivo principal de este libro se perdería, ¿no crees?

Prepárate para aprender y hacer. Mi meta es lograr que te pongas en acción un día a la vez, y espero que la estructura de este libro te ayude precisamente a lograr esto. Si estás teniendo dudas, te invito a empezar a leer el libro sin más preámbulo, como dice el dicho, la mejor forma de aprender es poniendo manos a la obra.

1

Organiza tu tiempo

LA TÉCNICA POMODORO

La técnica Pomodoro es una de las que cambió completamente mi vida, y sobre todo la manera en la que estudio, aprendo, y memorizo. Antes de aprender esta técnica solía desperdiciar entre 30 y 45 minutos todos los días, ¡incluso sin siquiera haber empezado a trabajar!

Después de implementarla, y practicarla diariamente, logré cambiar mis hábitos, y fui capaz de inmediatamente concentrarme en mi trabajo. La propia técnica te fuerza a ponerte en acción.

. . .

¿Cómo funciona? Muy sencillo. La técnica Pomodoro básicamente se basa en trabajar en secciones de tiempo, comúnmente no muy largas, de 25 minutos de trabajo y luego 5 minutos de descanso. Este es un solo ciclo, luego comienzas un segundo ciclo, de nuevo trabajas por 25 minutos y descansas por alrededor de unos 10 a 15 minutos. El objetivo es repetir estos ciclos las veces que sean necesarias hasta que termines la tarea que tengas a la mano. De ser necesario, o tener más tareas que debes completar, puedes repetir el ciclo desde el último ciclo terminado.

Es importante que utilices algún tipo de cronómetro o reloj. A no ser que seas un robot con reloj interno integrado, lo más probable es que no puedas saber con exactitud cuándo han pasado los 25 minutos, o cuándo es momento de volver a empezar a trabajar. También puedes buscar sitios web que se especializan en cronometrar tiempos con la técnica Pomodoro, te ofrecen una gráfica de tus resultados y tus avances.

Es recomendable que te concentres en solo un tipo de tarea por cada ciclo Pomodoro. Esto de ayudar a enfocar tu mente y no permitir que divague en temas innecesarios.

Un ejemplo, si tienes que hacer un reporte para el

colegio, redactar un ensayo, y al mismo tiempo estudiar para un examen, es necesario que te enfoques en aquellos que tengan una necesidad similar de utilización de tus recursos mentales. Es decir, utiliza un ciclo Pomodoro para redactar el ensayo y para terminar el reporte, posteriormente utiliza otro ciclo Pomodoro para estudiar el material para el examen. De esta manera no divagarás y mantendrás tu concentración en un tema similar. También evita hacer otras tareas durante tu tiempo de descanso, este periodo es para permitir que tu cerebro siga un flujo natural, si no te tomas tu descanso en serio, terminarás por agotarte más mentalmente.

Prueba el método Pomodoro siguiendo la regla del 25/5/25/10-15 para tu flujo de trabajo. Existe una razón por la cual casi todos los entrenadores de productividad recomiendan y enseñan este método. En resumen: funciona.

En realidad, dudé si debería incluirlo en el libro.

Si eres alguien que le apasiona este tema y has leído libros similares antes, seguramente te parecerá cliché, al fin y al cabo es una de las más populares y discutidas, pero es una técnica muy valiosa para los principiantes que buscan desarrollar su productividad, ¡no quise tomar el riesgo de privar a un novato de una herramienta tan efectiva! Pruébalo, te aseguro que funciona.

Identifica cuál es la tarea más importante que debes realizar en el día y aplica la técnica Pomodoro.

Recuerda utilizar un cronómetro digital, físico, o alguna aplicación o sitio web que pueda ayudarte a monitorear el tiempo con exactitud.

El principio "sin dispositivos"

Esta técnica es un tanto difícil de implementar, especialmente en la era moderna llena de herramientas digitales y dispositivos móviles, pero es algo completamente necesario.

A no ser que realmente necesites un dispositivo en tu escritorio o superficie de trabajo para terminar la tarea que estás realizando, es recomendable que pongas en otra habitación todos tus dispositivos móviles (sí, eso incluye tu tableta e incluso tu dispositivo de reproducción MP3).

Puede que creas que dejarlo en otra superficie sea suficiente, pero es preferible que sea una habitación completamente diferente, ¿por qué? Es sencillo, entre más difícil sea para ti acceder a él, menos probable es que intentes utilizarlo.

Es cierto que existen personas que gustan de estudiar o trabajar con música de fondo o incluso con los auriculares puestos, pero si sabes que eres de aquellas que, sí tienen un dispositivo inteligente en mano, no dudarán en checar alguna de sus redes sociales es preferible que no tengas el dispositivo cerca de ti.

Designa una habitación específica para realizar tu tarea, ya sea esta tu habitación o una oficina, y otra para dejar tus dispositivos. Si estás trabajando en tu oficina podrías dejarlos en tu cuarto y viceversa.

Esto te ahorrará mucho tiempo y energía que podrás finalmente concentrar en las cosas que quieres hacer.

Realmente es un tema de hábito más que de fuerza de voluntad. Puedes empezar de la siguiente manera: antes de que empieces a trabajar, reúne todos tus dispositivos u objetos que puedan representar una distracción y colócalos en lugares que te sean difícil de acceder. También recuerda ponerlos en silencio, en ocasiones el ruido puede incluso atravesar paredes, y no podrás concentrarte si estás escuchando un timbre cada diez minutos.

Puedes colocar un estado en tus redes sociales anunciando que estarás ocupado, o notificarles a aquellos que puedan preocuparse que estarás trabajando y no tendrás el teléfono cerca de ti. Lo importante es que no robe tu atención y concentración de la tarea que estás realizando y seguramente necesitas terminar. ¡Si logras formar este hábito te aseguro que tu concentración mejorará!

¿Cuáles son los dispositivos que solo sirven para distraerte cada vez que intentas poner manos a la obra? Pregúntate a ti mismo, ¿realmente necesito este dispositivo para lograr las metas que te has propuesto durante el día?, ¿o es solo algo que tienes a tu lado porque es un *hábito*?

La mayoría de las veces probablemente solo sea un mal hábito que has desarrollado a lo largo de los años. Es momento de tomar consciencia y cambiarlo para mejor. Es tiempo de finalmente tomar control de tu agenda.

Identifica estos dispositivos y luego resguárdalos lejos de ti.

Recuerda que te estás haciendo un favor. Tu productividad y habilidad para concentrarte incrementará, y empezarás a preguntarte cuánto tiempo pudiste haberte ahorrado si solo hubieras utilizado esta técnica años atrás. Además, ¡todo el tiempo que te ahorres podrás utilizarlo después! Te aseguro que es mucho más satisfactorio utilizar dispositivos para recreación una vez que sabes que no tienes nada más por hacer y todas tus tareas han sido completadas.

No te sientas culpable si fallas un par de veces, toma consciencia, un respiro rápido, y vuelve a ponerte en marcha. Si aplicas lo que has aprendido eventualmente lo dominarás.

Establece una tarea diaria

Es importante saber qué voy a hacer durante el día incluso antes de que este empiece. ¿Cómo? Una noche antes, siempre escribo una lista de tareas importantes que pueden llegar a tener un efecto importante en mi meta, sea negativo o positivo. Después, hago una clasificación de prioridad de *más importante a menos importante*.

También me aseguro de que solo tenga un máximo de tres tareas al día. Una lista demasiado grande puede desmotivarnos a continuar o siquiera empezar.

También tendemos a subestimar la cantidad de tiempo que necesitamos para completar una tarea o proyecto en específico, limitarte a tres tareas te dará más flexibilidad para terminar todos tus proyectos del día, también te evitará frustraciones si algo no planeado surge y no puedes terminar todas las tareas que habías planeado o agendado para el día.

Déjame demostrarte cómo yo hago esto, asumamos que soy un maestro de guitarra que da clases en línea, mi lista de tareas podría ser la siguiente:

1. Crear tutoriales sobre cómo tocar la guitarra.
2. Editar los videos.
3. Publicar los videos en una plataforma digital.
4. Crear cursos en línea.
5. Publicitar los cursos en línea.
6. Hacer actividades de servicio al cliente.
7. Realizar tareas administrativas.

8. Realizar planeación financiera para el negocio.
9. Administrar la publicidad y los anuncios.

Como puedes ver, incluso si intentara con todas mis fuerzas y no me distrajera ni un minuto, hacer todas estas actividades en un solo día es imposible, incluso si el negocio es de una sola persona. Tienes que identificar qué tareas debes de realizar todos los días, y cuáles tienen un mayor beneficio para tu meta final.

Siguiendo el ejemplo de arriba, las dos tareas más importantes podrían ser realizar tutoriales de guitarra y publicitar los cursos en línea. Empieza tu día con la parte creativa y luego utiliza tu tiempo para realizar la publicidad. Luego, en días diferentes, puedes enfocarte en alguna de las otras actividades, como crear los cursos en línea y administrar los anuncios publicitarios. No tienes que hacer todo en un solo día. Enfócate en dos o tres tareas a la vez y luego añade más si sientes que tienes suficiente tiempo.

Recuerda que también es importante que asignes una prioridad a las tareas, de más importante a menos importante, y también debes tomar en consideración la urgencia de la tarea. Puedes utilizar el modelo de urgencia-importancia, también conocido como la matriz de Eisenhower.

Esta matriz le atribuye dos diferentes conceptos a una sola tarea, el concepto de urgencia y el concepto de importancia. El concepto de urgencia se refiere al tiempo disponible para realizar la tarea, entre menos tiempo se tenga, más urgente será.

Por otro lado, el concepto de importancia se refiere a qué tan relevante es la actividad y qué impacto puede tener en el desarrollo de otras actividades y la meta general que se busca lograr.

Partiendo de estas definiciones, Eisenhower describe cuatro diferentes combinaciones que colocó en cuadrantes.

1. **Urgente-importante (cuadrante de crisis):** Las tareas que recaen en este cuadrante son las que reciben la mayor prioridad. Deben ser atendidas de inmediato o de lo contrario puede haber resultados

negativos en la tarea siguiente o la meta final. El tiempo para realizar estas tareas también es limitado, por lo cual deberán ser las primeras que debes terminar.

2. **No urgente-importante (cuadrante de decisión):** Las tareas que entran en esta clasificación son las que pueden ser organizadas o planeadas para realizar después. Deben de ser completadas cuanto antes posible, pero entran en segundo lugar de prioridad frente a las que son urgentes e importantes, pueden realizarse al día siguiente o incluso una semana después dependiendo de su fecha límite y de su nivel de importancia. Con frecuencia contribuyen a tu desarrollo personal y tendrán efectos a largo plazo.

3. **Urgente-no importante (cuadrante de delegación):** Estas tareas pueden ser delegadas a otras personas o, si solo cuentas con tu propio recurso, llevarlas hasta el final de la lista. Tienden a tener poco impacto en la meta final o las tareas consiguientes incluso cuando el límite de tiempo para realizarla es corto.

4. **No importantes – no urgentes (cuadrante de basura):** Las actividades que recaen en este cuadrante son consideradas como innecesarias o basura. Estas tareas

pueden ser desechadas en caso de necesitar más tiempo. Este cuadrante usualmente contiene actividades recreativas o de ocio.

También es importante que tengas en claro tu meta principal ya sea para el día, semana, o incluso a largo plazo.

Aunque la urgencia es un tanto absoluta, la importancia de una tarea puede ser relativa dependiendo de la meta. Por ejemplo, asumamos que eres un oficinista y en tu lista de pendientes o tareas por realizar has anotado las siguientes actividades:

1. Enviar las facturas a los clientes antes del cierre de contabilidad
2. Realizar un reporte de las ventas para la presentación de fin de mes
3. Organizar las carpetas del escritorio por código de color
4. Reabastecer los baños con papel higiénico

Ya has realizado la primera parte, has escrito las tareas que debes realizar, ahora es momento de priorizarlas utilizando el método de la matriz de Eisenhower.

1. **Urgente – Importante:** *El envío de facturas a*

los clientes antes del cierre de contabilidad. Las facturas generalmente son muy importantes para los clientes, ya que validan que se haya realizado un pago, y problemas con los libros contables pueden llevar a desbalances monetarios e incluso riesgos fiscales, por lo tanto, es algo importante y urgente, debido a que el tiempo es limitado y debe ser realizado antes de que se agote.

2. **No urgente – importante:** *Realizar un reporte de las ventas para la presentación de fin de mes.* Si es cierto que este parece ser limitado, las juntas de reportes de ventas tienden a ser un tema de control interno, sirven para mantener informados a los jefes de departamento sobre el estado de la empresa, cierto que es algo importante y que debe ser realizado, pero no significará el fin de la empresa si la junta se atrasa un día o dos. Esta es una tarea que puede ser planeada o pospuesta para dar prioridad a las tareas del cuadrante anterior.

3. **Urgente – no importante:** *Reabastecer los baños con papel higiénico.* ¿Realmente es urgente? Por supuesto, es una actividad que debe hacerse cuanto antes para evitar descontentos o incluso accidentes indeseados en el mobiliario de la empresa, pero ¿es importante? En realidad, no. Quizá será incómodo para los

trabajadores, pero la empresa no se caerá a pedazos si la tarea no es realizada, esto significa que no debes agobiarte por terminarla personalmente, puedes delegarlo a un compañero que no parezca estar ocupado, o llamar a los encargados de limpieza para hacerlo.

4. **No urgente – no importante:** *Organizar las carpetas del escritorio por código de color.* Esta tarea no tiene ningún impacto en el resultado final de las actividades o la meta general de la labor en la empresa. Es una tarea que puede ser fácilmente desechada y lo más probable que solo te haga perder tiempo valioso que podrías utilizar en otras tareas más importantes y urgentes. No significa que nunca deberás de organizar tu escritorio propiamente, pero puedes posponer hasta que hayas cumplido con todas tus tareas relevantes.

Recuerda que, al final, la meta u objetivo final y cómo impactan las tareas en ella serán lo que definan la importancia y urgencia de una actividad. Por ejemplo, quizá si tu objetivo final es tener el mejor desempeño en un examen, entonces deberás priorizar estudiar contenido del examen en lugar de salir a correr, pero si tu meta es tener una mejor salud o mejorar tu estado físico, entonces deberías priorizar la salida a correr.

Recuerda que siempre debes hacer el ejercicio de la lista de tareas, de lo contrario pasarás gran parte de tu día averiguando qué es lo que debías hacer. Organiza tus actividades de más importante a menos importante, ¿cuáles son las tres cosas más importantes? ¿Cuáles son las que no pueden esperar? Por esas deberás comenzar.

Una vez que hayas terminado, y si te queda tiempo de sobra, podrás realizar otras actividades.

Ejercicios de meditación

Muchas personas tienden a confundirse cuando escuchan la palabra "meditación". Creen que este ejercicio solo se trata de estar en silencio y no hacer nada mientras tu mente está en blanco intentando alcanzar la iluminación espiritual.

La realidad es que tenemos demasiados pensamientos e ideas, y estos nos distraen todos los días de las actividades que deberíamos estar realizando. La meditación es una buena, y sencilla, manera de calmar tu mente.

. . .

Se ha comprobado que minimizar nuestros niveles de estrés puede ayudarnos a pensar con más claridad.

Pero ¿cómo podrías lograr meditar si te distraes con facilidad? Empieza con ejercicios pequeños y cortos en duración. En lugar de hacer silencio por 30 minutos, empieza con solo 2.

Esto es lo que hago personalmente: Coloco auriculares en mis oídos para poder tener silencio, de esta forma cualquier ruido externo no será un factor que pueda distraerme. Luego, apago las luces y coloco una alarma que sonará a los 2 minutos. Una vez que la alarma haya sonado me dirijo a una de las esquinas de la habitación para inhalar por tres segundos y luego exhalar por tres segundos. Le pongo especial atención al sonido de mi respiración, e intento no pensar en nada más que eso. Imagino el área entrando por mi nariz, pasando por mi garganta y mis pulmones, luego imagino cómo regresa a través de estos canales hasta salir de mi cuerpo.

Esta manera sencilla de meditación es lo que me ha ayudado a combatir esa duda inicial y deshacerme de la resistencia que tenía hacia la meditación. Después de una semana de hacer esto, incrementé mi tiempo de meditación a 5 minutos, después 10, y actualmente estoy haciendo esto por 15 o 20 minutos al día.

Una vez que hayas empezado con periodos cortos de meditación puedes apoyarte de aplicaciones o sitios web para extender el tiempo de tus ejercicios y llevar un historial de días en los que has meditado.

Es un proceso, no tienes que hacerlo todo en un solo día, pero la constancia es ciertamente el secreto para hacer que se convierta de una tarea a un hábito.

Utiliza una aplicación de candelario

Si te soy honesto nunca he sido del tipo de personas que utilizan un calendario, pero la tecnología de hoy en día nos permite tener todo al alcance de nuestra mano.

La primera vez que me aventuré a utilizar una aplicación móvil de calendario fue cuando inicié un trabajo en ventas, realmente pude notar lo importante y útiles que pueden ser. Quizá no todos los puestos o trabajos necesiten uno, pero si puedes explotar todo su potencial te ayudará a volverte más productivo y a concentrarte mejor en las cosas correctas.

Ahora, todos somos culpables de haber descargado o comprado un calendario y luego no haberlo usado en lo absoluto. Probablemente tienes más de un calendario físico que alguien te regaló alguna vez que jamás ha sido sacado de su caja.

La realidad es que muchos de nosotros sabemos lo que es un calendario, cómo funciona, y cuál es su objetivo, pero no sabemos exactamente cómo hacer uso de él.

Haz una lista de tareas pendientes – Similar a uno de los consejos anteriores, realiza una lista de las tareas que necesitas realizar, pueden ser diarias, semanales, o mensuales. La mayoría de las aplicaciones te permiten insertar estas listas de tareas como parte de la organización del tiempo. Recuerda asignar un tiempo aproximado de realización para cada tarea, esto te ayudará a analizar cuántas tareas puedes realizar por día. Yo recomiendo que no sean más de tres, de esta forma podemos tener suficiente margen de error por si alguna de ellas requiriera una mayor cantidad de tiempo para ser completada.

Escribe una lista de citas – Esta es probablemente la función principal de un calendario, estar al tanto de cuándo y dónde hemos programado las citas de la semana.

Muchas aplicaciones permiten ligar tu calendario móvil con un calendario en la computadora, si eres alguien que trabaja constantemente en un ordenador, como la gran mayoría de nosotros, puede que te sea más cómodo sincronizarlos al mismo tiempo.

De esta manera puedes fácilmente programar o saber si tienes un compromiso cercano o no.

Tener una planeación gráfica de las citas y compromisos a realizar también te ayudará a no perderte de ninguna. Seguramente alguna vez te ha ocurrido que haces un compromiso, decides anotarlo en tu agenda o calendario, y luego te olvidas de ello gracias a que no volviste a revisar el contenido de tu agenda de nuevo. Tener una aplicación móvil o de escritorio te ayudará a tener un recordatorio constante de tus compromisos debido a que no tendrás más opción que mirarlos cada vez que utilices el dispositivo.

Si eres un poco más chapado a la antigua y quieres utilizar un calendario físico o agenda, procura colocarla en un lugar donde puedas verla fácilmente. Puede ser junto al monitor de tu computadora, o la parte de tu escritorio donde asientas tu taza de café.

En casa puede ser el anaquel por el que tienes que pasar todos los días antes de ir al trabajo, o la parte superior de tu cama, o incluso arriba de la televisión.

La meta es siempre estar consciente de que el calendario existe y que seguramente tiene compromisos que debes de cumplir.

Existe una gran variedad de aplicaciones móviles, encuentra la que te funcione y te haga sentir más cómodo. Algunas son gratuitas, aunque algunas otras pueden llegar a pedirte un pago único o incluso una suscripción, si está dentro de tus necesidades considéralo como una inversión, te será de mucha ayuda en tu vida personal y profesional.

Enseña a las personas a tu alrededor a programar una cita

¿Alguna vez escuchaste el término "vampiros de tiempo"? Se refiere a las personas que no respetan el valor de tu tiempo.

Cuando no existen límites claros, las personas pueden estar mensajeándote, enviándote correos electrónicos, buscándote, o yendo a tu oficina diciendo "necesitamos hablar, solo tomará un minuto" por supuesto, nunca toma solo un minuto. Toman la decisión sobre cómo y dónde utilizar tu tiempo para su beneficio.

¡Puedes ver a estas personas por todos lados! Así que tienes que proteger tu tiempo como un perro guardián protege su hogar.

La primera parte es enseñarles a las personas a programar una cita o hacer un compromiso planeado contigo. Si alguien me envía un mensaje de texto, y no es algo urgente, procuro responder dentro de un periodo específico de tiempo, usualmente dependiendo de la complejidad de las actividades que esté realizando o de qué tan ocupado me encuentro. Por ejemplo, puedes decidir responder a todos los mensajes una vez que haya terminado tu horario laboral y antes de regresar a casa, o quizá se acomode más hacerlo durante tu descanso para comer.

Lo importante es que sea un periodo corto y que respetes ese horario fielmente, de cierta manera estarás entrenando a las personas a tu alrededor a que no responderás antes de esa hora, y probablemente dejarán de enviarte textos más temprano o simplemente esperarán con paciencia hasta que sea la hora de recibir la respuesta.

Es una buena idea colocar tu teléfono en silencio mientras te encuentras trabajando, de otra forma los constantes recordatorios de que tienes un mensaje sin leer pueden ser abrumadores. Personalmente, suelo programar un mensaje automático que le anuncie a las personas que no tomo llamadas telefónicas, si necesitan comunicarse conmigo pueden enviarme un mensaje y posteriormente me comunicaré con ellas. También procuro informarles a las personas que estas acciones no son necesariamente presunción, sino que afectan mi productividad.

. . .

Este mismo principio aplica para todas tus redes sociales y dispositivos. Te darás cuenta de que la gran mayoría de las veces los mensajes que recibes ni siquiera son importantes, y aquellos que lo son te lo harán saber.

Las juntas también son unos vampiros peligrosos.

¡Nadie necesita tener juntas todos los días! La gran mayoría de las veces, las juntas terminan por extenderse gracias a pláticas casuales o comentarios sobre otros problemas ajenos al tema principal de la junta. A no ser que te encuentres en ventas donde debes de reportar el progreso semanal o diariamente, las juntas laborales son muy poco necesarias.

Cuando finalmente me di cuenta de esto intenté poner en marcha una estrategia un tanto peculiar.

El personal del departamento que yo dirigía solía tener la costumbre de tener juntas diariamente para reportar el progreso y resolver problemas que se pudieran haber presentado. Diariamente utilizábamos de 1 a 2 horas para intercambiar ideas y solucionar problemas.

. . .

Terminé notando que estábamos desperdiciando más tiempo del que estábamos ahorrando, así que decidí anunciar que a partir de ese momento todas las juntas serían realizadas de pie. Estaba prohibido sentarse durante el periodo de la junta. Como si fuera magia, el tiempo de las juntas comenzó a acortarse, hasta que el tiempo promedio se redujo a entre 5 y 15 minutos por junta.

Debes ser firme con los límites que les permites rebasar a la gente que te rodea. Si alguien llega a visitarte repentinamente para alguna situación trivial, deberás de pedirles que se retiren.

Probablemente sientas culpa, pero será menor al cansancio que sentirás después cuando se acerquen las fechas de entrega y aún no hayas terminado las actividades que debías terminar.

Recuerda, primero debes identificar cuáles son las actividades, personas, y dispositivos que están succionando tu tiempo. ¿De dónde vienen? ¿Las redes sociales? ¿Tus compañeros de trabajo? ¿Tu familia y amigos?

. . .

Una vez que hayas realizado este ejercicio, tómate el tiempo de acercarte a estas personas y dejar en claro que es necesario programar una cita durante los horarios en los que estarás ocupado, y que estarás más que dispuesto a atenderlos cuando no estés trabajando en las actividades que necesitas realizar.

Esto te ayudará a ahorrar mucho tiempo, y evitar distracciones importantes mientras trabajas. Te aseguro que te preguntarás por qué no habías implementado esto antes.

Bloques de tiempo

Los bloques de trabajo, también conocido como fragmentación de tiempo, es la técnica de programar tus actividades en bloques de tiempo específicos. Con frecuencia estos fragmentos tienden a ser cortos o menores a una hora. Por ejemplo, trabajar usando una técnica de fragmentación de tiempo podría verse algo así:

0:00 - 45:00 – Trabajar
45:00 - 55:00 – Descansar
55:00 - 1:30 – Trabajar
1:30 - 1:40 – Descansar
1:30 - 2:00 – Trabajar

. . .

Esto te ayuda a organizar y mantener tu energía. Si te encuentras realizando un trabajo que demanda demasiado de ti, entonces esto te ayudará a mantener tus niveles de productividad altos a lo largo del día.

La diferencia entre la técnica Pomodoro y la técnica de fragmentación de tiempo es que la técnica Pomodoro es, por sí misma, una técnica de fragmentación de trabajo.

Sin embargo, la técnica Pomodoro te permite una menor flexibilidad con los periodos de trabajo y descanso. La teoría de los bloques de trabajo es la base en la que se fundamenta la técnica Pomodoro, pero si generas tu propio programa desde la base puedes fragmentar tu tiempo como más cómodo te sea. Así que, ¿Cómo logras sacar todo el provecho de los fragmentos de tiempo?

Para algunas personas, la técnica Pomodoro es la manera perfecta de fragmentar su trabajo.

25 minutos de trabajo intenso y sin distracciones y luego 5 minutos de descanso y luego repetir este proceso.

. . .

Sin embargo, otros pueden necesitar mayores cantidades de tiempo para trabajar. En muchas ocasiones, aquellos que tienen problemas de concentración, necesitan periodos de hasta 45 minutos de trabajo para concentrar sus energías en no perder el enfoque.

Puedes empezar desde los 50 minutos con 10 minutos de descanso.

Cabe mencionar que es importante que el tiempo de descanso sea proporcional al tiempo en el que te encuentras trabajando intensamente, de lo contrario podrías llegar a desgastarte y, por ende, los últimos períodos no serán tan productivos como los primeros. Puedes utilizar el rango que utiliza la técnica Pomodoro, 5 minutos de descanso por cada 25 minutos de trabajo, así si trabajas una hora y cuarto podrías tomar 15 minutos de descanso.

Es preferible que no tomes más de una hora, ya que tu cerebro puede perder la concentración y reducir la productividad.

Y sí, necesitas descansar, no tienes otra opción. De hecho, es el secreto principal detrás de la fragmentación de tiempo. Nuestro cuerpo y cerebro necesitan descansar. No hay manera de que podamos operar diariamente sin tomarnos un descanso. Es imposible hacerlo a largo plazo y podemos terminar por tener graves repercusiones en nuestra salud física y mental.

También debes de saber que, a medida que se alarga tu día laboral, más deberás de procurar el descanso.

Por ejemplo, si has establecido que durante las mañanas estarás trabajando en ciclos de 50 minutos de trabajo y 10 minutos de descanso, utiliza el rango de 35 minutos de trabajo y entre 5 y 10 minutos de descanso para la tarde o después del almuerzo.

Esto te ayudará a mantener tu nivel de productividad y al mismo tiempo seguir siendo efectivo en lo que haces.

La meta no es solo ser capaz de realizar las actividades que te has propuesto durante el día, sino también realizarlas de la manera correcta y obtener el mejor resultado posible.

. . .

Utiliza el método de fragmentación de tiempo para realizar tu siguiente tarea. Si te distraes fácilmente y necesitas tiempo para ajustarte antes de empezar a trabajar, entonces programa un fragmento de trabajo de 50 minutos y 10 minutos para descansar.

Los primeros 10 minutos serán los más difíciles. Es la parte de resistencia al cambio y al trabajo.

Te distraerás, mirarás tus redes sociales, checarás los mensajes que tienes pendientes por responder, y hasta tu correo electrónico de cuando tenías 16 años, solo para evitar el trabajo que tienes que hacer. Otórgate el permiso de fallar o distraerte los primeros minutos cuando estés intentando el método de bloques de tiempo.

Sé gentil contigo mismo, no te juzgues por distraerte un par de veces mientras estás empezando. Eventualmente aprenderás a deshacerte de las distracciones y a poner manos a la obra de inmediato. Recuerda que también puedes combinar esta técnica con otras de las mencionadas en este libro, una buena técnica complementaria para la técnica de fragmentación de tiempo es la técnica de "sin dispositivos", coloca tus dispositivos en otra habitación antes de que empieces tu primer ciclo de trabajo.

. . .

Bloques de trabajo (El verdadero secreto para poner manos a la obra)

Una de las partes más difíciles de realizar una tarea es intentar comenzarla.

Entre más difícil o compleja sea, menor será nuestra motivación para empezarla. Con frecuencia nos concentramos en esas complejidades o en la cantidad de tiempo que nos tomará llevarla a cabo, y terminamos por no comenzar a hacerla al sentirnos abrumados por todos estos pensamientos y sentimientos negativos.

Lo que podemos hacer es aplicar el método de los bloques de trabajo para deshacernos de la resistencia inicial de empezar un proyecto. El concepto es similar a la técnica que te presenté anteriormente, pero en lugar de fragmentar el tiempo en el que trabajamos, fragmentamos una gran actividad en objetivos o tareas más pequeñas para que nos sea más fácil completarlas. Es un poco más compleja, ya que dependerá de la magnitud de tu proyecto, pero por ello trataré de ilústratelo con ejemplos empíricos.

. . .

Asumamos que eres una persona que se dedica a escribir cartas de ventas y te comisionaron para crear la página de una empresa. Las cartas de venta son textos sencillos escritos para influir en el cliente a realizar una acción, usualmente la compra en un producto o servicio, y es una tarea moderadamente sencilla si se tiene conocimiento de cómo hacerlas. ¿El problema? Realmente no tienes la disposición para tomar acción y empezar a realizar lo que te encargaron hacer, si eres honesto preferirías dormir el resto del día. Por alguna razón, aún así sientes el estrés de la fecha límite, que es dentro de tres días, y esto solo te hace sentir menos motivado para empezar tus actividades.

¿Cómo te enfocas en tu trabajo?, ¿cómo puedes siquiera empezar a hacerlo? Aquí es donde te resultará útil la técnica de los bloques de trabajo. Podemos tomar la tarea que tenemos que realizar e implementar pequeñas acciones que nos lleven a terminar esa tarea.

Si continuamos con nuestro ejemplo, tomemos las posibles tareas que podrían conformar hacer la página de ventas. Esta tiene muchas partes, pero las básicas son el título, la introducción, los beneficios que usualmente son escritos en una lista de puntos, la información del producto, y una llamada a la acción.

En lugar de pensar en que "tienes que hacer una página de ventas", engaña a tu cerebro para pensar que solo tiene que hacer el encabezado o título. Puedes combinar la técnica de bloques de tiempo con esta técnica, utiliza un ciclo Pomodoro o un ciclo de trabajo para terminar la primera tarea que te has asignado: Escribir el encabezado. Cuando hayas terminado tómate el descanso correspondiente a tu ciclo y comienza de nuevo, esta vez diciéndote que "solo harás la introducción". Antes de que te des cuenta, estarás haciendo las últimas actividades y habrás terminado tu meta principal, realizar la carta de ventas, sin sentirte abrumado por la cantidad de trabajo que necesitarías realizar.

Esto funciona con trabajos grandes también, de hecho, el secreto para la consumación de proyectos es dividir un gran objetivo en objetivos a corto y mediano plazo, ¡esta estrategia es utilizada por las compañías más grandes del mundo! Existen carreras enteras dedicadas a la organización y el manejo de proyectos.

. . .

Veamos un ejemplo un poco más práctico. Imagina que tu meta final es remodelar la planta baja de tu casa. En lugar de referirte a ello como un solo gran proyecto deberás de fragmentar la meta final en pequeños proyectos con sus respectivos presupuestos, requisitos, y planeaciones de trabajo.

Para remodelar la planta baja, primero debes tener en claro cómo se compone la planta baja de tu hogar, comúnmente podemos encontrar una sala de estar, un comedor, una cocina, y ocasionalmente un baño. ¿Qué necesitas remodelar primero? Por supuesto, quedará a tu juicio, pero en este ejemplo podríamos utilizar la cocina como punto de partida. Ahora ya tienes una meta más pequeña: remodelar la cocina. ¿Qué partes de la cocina quieres remodelar? Seguramente las gavetas de la alacena ya están gastadas, esa será tu primera tarea práctica: remodelar las gavetas de la cocina. Ahora sabes que necesitarás madera, pintura, clavos, herramientas, quizá incluso la ayuda de un carpintero. De esta forma puedes utilizar otras de las técnicas mencionadas en este libro para organizar el proyecto. Podrías hacer una lista de tareas o pendientes donde la primera actividad será comprar la madera y materiales que necesitarás, después cotizarás con un carpintero el costo de armar las gavetas para ti, y ese mismo día por la tarde podrías buscar diseños o colores que te gustaría añadir a tu nueva cocina.

. . .

Al finalizar con las gavetas, quizá sea momento de pensar en remodelar el área del lavabo. Una vez que hayas terminado de remodelar lo necesario de la cocina podrás realizar el mismo ejercicio con la sala de estar.

De esta forma hemos tomado un proyecto abrumador como lo es remodelar la planta baja de una casa y lo hemos tornado en pequeños proyectos con actividades específicas, tiempos de trabajo, y metas medibles.

Esta técnica se trata de concentrarte en los pasos a seguir para completar tu tarea en lugar de pensar en la tarea total. Establece metas de tiempo para realizar cada paso, eso te ayudará a eficientar tu tiempo y evitar aplazarla o dejarla a la mitad por sentirte abrumado. Es un método poderoso si lo usas de la forma correcta.

2

Técnicas complementarias

Utiliza música de fondo

Una de las técnicas alternativas "modernas" de más popularidad es tener música de fondo mientras estudias o trabajas. Por supuesto, esto no significa que simplemente puedas realizar tus actividades en medio de un concierto de rock.

Se ha comprobado que escuchar música nos ayuda a sentirnos más calmados y a aumentar nuestra productividad. Sin embargo, no hay un solo tipo de música que pueda servir para todas las personas. Quizá el pop pueda calmar a algunos mientras que a otros ponerlos ansiosos.

· · ·

Lo mejor que puedo hacer es mostrarte lo que funciona para mí y para mucho del personal que se encuentra en mi oficina.

Música clásica – Para tareas que requieran que utilices tu imaginación, escuchar a Mozart, Beethoven, Vivaldi, y otros grandes compositores funciona de maravilla. Ayuda a estimular los procesos cognitivos y fomentar la creatividad.

Ruido blanco – No importa cuánto nos hayamos desarrollado, los seres humanos seguimos proviniendo de la naturaleza, evolucionamos rodeados de muchos ruidos de fondo. Los árboles, los animales, la brisa del aire, etc. Así que no es de sorprenderse que muchas personas y expertos en el tema recomienden trabajar con ruido blanco de fondo para fomentar la calma y el sentimiento de estar "en sintonía" con la naturaleza.

Música en repetición – Para algunas personas, escuchar la misma canción o el mismo sonido una y otra vez ayuda a que se vuelva otro sonido más en el fondo. La música en repetición se mezcla con los ruidos de fondo y comienzas a dejarla de lado subconsciente del cerebro, lo cual te permite concentrarte en la actividad principal y aún sentirte estimulado por ella.

Puedes intentar armar una lista de reproducción en tu plataforma de música favorita. Te recomiendo no variar mucho en los géneros, a veces el cambio de tempo y en general de la música que estamos escuchando puede fomentar que nos concentremos más en ella que en la tarea que tenemos a la mano.

También puedes buscar listas predeterminadas, muchos servicios de reproducción de música se han dado a la tarea de generar listas de reproducción específicas dependiendo de la actividad que estés realizando. Por ejemplo, si quieres concentrarte en el ejercicio físico probablemente quieras escuchar canciones con un ritmo más rápido y que te hagan sentir motivado, mientras que, si quieres estudiar para un examen, lo más probable es que una recopilación de las mejores obras de Bach sea la mejor opción.

Encuentra "tu lugar"

La ubicación donde te encuentres trabajando también puede tener un gran impacto en qué tan productivo eres.

. . .

Algunos afirman que los ruidos naturales de las cafeterías los ayudan a concentrarse, mientras que otros necesitan tener la estructura y limpieza de un lugar de co-working o una oficina.

Para mí, prefiero un espacio solitario en la esquina de una habitación donde no tenga la tentación de juguetear con nada.

Encontrar tu lugar puede ser difícil, especialmente si no puedes estar solo todo el tiempo, pero la comodidad es un aspecto principal. La realidad es que entre más cómodo te sientas, más relajado estarás y podrás utilizar tu energía mental para terminar las actividades que estés realizando.

Las cafeterías – Si quieres trabajar o estudiar en una cafetería, tienes que recordar que será ruidosa. Ten por seguro que habrá demasiadas distracciones. Esa barista atractiva que te sirvió tu café, el niño con sus padres que se encuentra alterado por el azúcar, el chico rico que estará en una junta de "trabajo" con un par de sus amigos, o hasta la máquina que muele el café sonando de vez en cuando.

. . .

Claro, este es un ambiente en el que algunas personas pueden concentrarse, pero no funcionará para todos.

Así que asegúrate de que el lugar que escojas es apto para tu estilo de concentración. También puedes utilizar las cafeterías como un lugar de trabajo alterno, designa algunas actividades para hacer en tu área de trabajo normal, y otras que hacer en la cafetería.

Espacios de colaboración o "co-working" – Estos modelos de oficinas modernas han ganado popularidad en los últimos años. Se trata de conglomerados de oficinas donde más de una empresa o individuos se encuentran trabajando.

También puede tornarse un poco ruidoso por momentos.

Si tu trabajo requiere que hagas horarios de oficina en casa, y ya te has fastidiado de trabajar por tu cuenta, puedes sentirte energizado por la presencia de otras personas que se encuentran en una situación similar a la tuya. Muchos de los que contratan este tipo de lugares suelen ser autoempleados o microempresarios que podrían trabajar desde casa si quisieran.

. . .

Oficina o espacio profesional – Si eres empleado de una compañía, o incluso el dueño con un espacio de trabajo propio, entonces tus opciones de trabajo se reducen en gran medida.

El 90% del tiempo te encontrarás trabajando en la oficina que te asignaron en la compañía. Cuidado, ¡te encontrarás con muchos vampiros de tiempo! Así que debes de tener cuidado con quien hablas y te reúnes diariamente. Todos están intentando llevar a cabo sus actividades, o incluso evitar llevarlas a cabo. Asegúrate de cuidar tu tiempo empedernidamente, puedes aplicar algunas de las técnicas mencionadas en capítulos anteriores.

Tu propio cuarto – Si tengo que concentrarme en una actividad creativa o de desarrollo personal, como escribir este libro, me es muy útil realizarlo en mi habitación. No puedo hacerlo en la oficina donde estoy rodeado de personas que podrían entrometerse en cualquier momento e interrumpir mi flujo de trabajo. Es recomendable para actividades creativas como escribir, dibujar, hacer lluvias de ideas, pintar, y otras tareas que requieren concentración y flujo de ideas.

Escribe una lista de tareas

. . .

Las listas de tareas han adquirido una mala reputación en los últimos años. Se considera una técnica arcaica y cliché. Muchos creen que solo las personas mediocres necesitan el apoyo de una lista de tareas.

Sin embargo, las listas por sí mismas no son el verdadero problema, sino la manera en las que las personas las crean e implementan. Si eres una persona floja y tienes una lista de 10 cosas que hacer al día, ¡tu lista no funcionará en lo absoluto!

Si nos basamos en técnicas anteriores, podemos definir un rango de entre 3 y 7 actividades diarias que deberás completar, dependiendo de la complejidad y el tiempo que se requiera para realizarlas. Puede que te estés preguntando ¿cuál es la diferencia entre una lista de tareas y una estrategia de actividades diarias? La respuesta está en lo específico de las tareas.

Un ejemplo de actividades diarias podría ser: hacer el mandado

Un ejemplo de lista de pendientes puede ser: Ir al supermercado de 4:00 pm a 5:30 pm para comprar la comida de la semana.

. . .

Las listas de tareas tienden a tener horarios específicos y objetivos marcados.

Entonces, ¿cómo puedo crear una lista de tareas que funcione? Aquí te dejo una guía de cómo lograrlo:

1. Empieza por las cosas más importantes como tu trabajo, tu familia, o tus metas. Por ejemplo, si eres un emprendedor, tu tarea más importante será conseguir nuevos clientes para tu negocio.
2. Crea una lista específica para hacer 3 cosas en la mañana y entre 3 y 4 en la tarde. Las primeras tres deben de ser las tareas más urgentes e importantes, puedes guiarte de la matriz de Eisenhower si tienes problema priorizándolas. Si estás empezando a utilizar esta técnica, entonces limita las tareas a 2 en la mañana y 2 en la tarde, te ayudará a generar confianza y te será más fácil romper la resistencia inicial a generar este hábito.
3. Monitorea las listas de tareas que hayas hecho todos los días. ¿Cuántas horas te tomó llevar a cabo cada tarea? Tener un registro te ayudará a calcular mejor las tareas que anotarás diariamente y planear mejor tu tiempo.

Recuerda que cómo todas las otras técnicas que hemos mencionado en este libro, el secreto de las listas de tareas reside en su constancia. No servirá de nada si la haces una sola vez, tienes que desarrollar el hábito de organizar tus tareas y otorgarles una prioridad.

La iluminación importa

La cantidad de luz que hay en una habitación afecta el ambiente de un lugar de trabajo. Demasiada luz puede ser distractora, y una cantidad pobre de luz puede hacerte sentir que estás trabajando con los ojos seguros.

También existen habitaciones con luces amarillas, las cuales dan una sensación de adormecimiento.

Mi recomendación es que utilices una simple luz blanca.

Lo suficientemente brillante para que puedas ver lo que estás haciendo, pero no tanto como para que puedan reflejar la luz en tu pantalla o lastimar tus ojos por la intensidad. Es un cambio minúsculo, pero te darás cuenta de que afectará tu capacidad para concentrarte.

. . .

Si aún tienes dudas, puedes acudir a una tienda de electrónicos y uno de sus asesores podrá ayudarte a escoger el mejor grupo de bombillas para crear el ambiente perfecto para trabajar.

No hagas varias tareas a la vez

Existe un debate interminable alrededor de la verdadera eficiencia de hacer varias tareas a la vez. Los distintos expertos aún no logran llegar a un consenso sobre si verdaderamente funciona o no. Esta es la verdad: ¡Funciona! Pero no necesariamente de una manera positiva.

Aunque puedas hacer más de dos cosas a la vez, nunca serás igualmente efectivo en ellas como lo serías si solo te concentraras en una a la vez. Esto no es un debate. Realizar varias tareas a la vez no es una técnica útil para maximizar nuestra efectividad. Solo creemos que está funcionando porque logramos terminar dos tareas.

En realidad, podrías terminar esas dos tareas más rápidamente y más efectivamente si nos concentramos en hacerlas una a la vez. Esto se debe a nuestro problema natural para volver a concentrarnos o cambiar nuestro foco de concentración. Cuando realizas dos cosas a la vez, tu cerebro necesita ajustarse a las habilidades, conocimiento, y destreza que necesita la otra tarea, esto requiere un tiempo específico.

¿No me crees? Intenta realizar una actividad importante para ti ahorita mismo, concéntrate en ella por 20 minutos, luego toma 10 minutos para ver videos en la web. Te aseguro que no te será tan fácil concentrarte de nuevo en la tarea cuando quieras retomar tu trabajo. El cerebro se relaja o confunde, y después necesita tiempo para volver a ajustar el estado mental y retomar el mismo ritmo de trabajo que se tenía antes.

Algo similar sucede con los idiomas. Si hablas más de dos idiomas sabrás de lo que estoy hablando. Cuando empiezas a hablar un idioma con fluidez y necesitas utilizar diariamente tu lengua madre y tu segundo idioma, con frecuencia tiendes a perder cierta cantidad de vocabulario en tu lengua madre, esto no se debe a que realmente estés olvidando las palabras, es solo que a tu cerebro se le complica hacer el cambio inmediato de un idioma a otro, y eso hace que muchas palabras que no usas comúnmente en tu primer idioma, pero si en el segundo idioma, puedan confundirse u olvidarse. El cerebro también necesita un momento de ajuste para poder hacer el cambio de idioma.

Por ello, ¡deja de hacer dos cosas a la vez! Solo sirve como un placebo para hacerte sentir que estás terminando más cosas. Pero es solo una ilusión, concentrarte en una actividad a la vez te vuelve más eficiente y eficaz.

Realizar varias a la vez hace que tu cerebro se confunda y permite que tu mente divague en temas que no corresponden a la tarea que estás realizando. Perfectamente podrías usar este tiempo de una forma más productiva.

Claro, si la calidad no te importa, entonces eres bienvenido a malabarear cuantas tareas te acomoden, sin embargo, muchos de nosotros preferiríamos tener una cosa bien hecha a tres cosas mal hechas.

Cada vez que te encuentres realizando varias tareas a la vez, para, cierra tus ojos y haz un pequeño ejercicio de respiración. Inhala tres veces y exhala tres veces. Cierra todo el contenido que necesites referente a la segunda tarea, recuerda analizar primero cuál de las dos tareas es más urgente e importante, y continúa con la principal. Tendrás que pelear contra la necesidad de revisar tus redes sociales o sitios web favoritos, pero te aseguro que se compensará con la satisfacción de haber terminado todas las tareas que tenías pendientes.

Si estás haciendo la comida, no la hagas y laves los trastes al mismo tiempo. Si estás relajándote y viendo la televisión, no cheques los correos del trabajo.

Si estás planeando tu junta semanal, no te pongas a llamar a nuevos clientes ni organizar tu escritorio. ¡Deja de realizar varias tareas a la vez! Espero que te lo haya dejado en claro.

Termina tu tarea más importante primero

Seguramente este consejo te recuerda a algunos otros que te he dado durante este libro, pero no puedo dejar de enfatizar lo importante que es hacer tu tarea más relevante a primera hora de la mañana. Esto lo hago porque soy capaz de comprender la manera en la que nuestro cuerpo y mente funcionan.

. . .

Las mañanas es el momento en el que normalmente tenemos más energía. Después del medio día es muy poco probable que podamos volver a llegar al nivel de energía que teníamos poco después de despertar.

¿Cómo identificar tu tarea más importante? Primero, tienes que conocer tu meta. ¿Qué quieres lograr? ¿Qué es lo que haces profesionalmente? ¿Qué objetivo quieres lograr en los aspectos de tu vida?

Si eres un deportista de alto rendimiento, lo más probable es que tu tarea más importante sea entrenar tu condición física o técnicas específicas para tu deporte. Deberás invertir de 2 a 3 horas de tu vida para realizar estas actividades. Quizá como parte de tu entrenamiento deberás estudiar ciertas cosas o perfeccionar tus propios equipos, o incluso administrar tus recursos personales para competiciones o manejo de tu marca personal. Aquello que requiera mayor creatividad y energía deberá ser lo que programes para hacer durante las mañanas.

Obviamente, esto puede variar de una persona a otra. Asumamos que eres un maestro de inglés. También supongamos que tu tarea principal es enseñarles a ejecutivos asiáticos a hablar inglés propiamente. Si es posible, intenta programar tus sesiones en la mañana. Después, utiliza la tarde para promover los cursos entre tus alumnos y sus conocidos y llevar a cabo la mercadotecnia y publicidad de tus servicios. Si acabas de empezar tu negocio y aún no tienes clientes, puedes intentar invertir estas actividades. La actividad en la que decidas enfocarte será la que tenga prioridad durante las mañanas, tu actividad se verá reducida sin clientes, por lo cual tu tarea más importante será atraer nuevos clientes con publicidad y mercadotecnia, podrás agendar las sesiones de enseñanza durante la tarde.

Recordatorios visuales

Los recordatorios visuales se refieren a notas físicas o digitales de las cosas en las que deberías concentrarte o necesitas terminar.

No tienen que ser tareas en las que deberías de estar trabajando (aunque puedes hacer eso, es una estrategia válida). Puedes añadir mensajes inspiradores o imágenes que te inspiren a tomar acción y poner manos a la obra.

. . .

Puede ser en forma de imágenes impresas, pegatinas, imanes de refrigerador, notas en tu computadora, o recordatorios en tu dispositivo móvil.

Esta es una técnica popular para los estudiantes, en especial aquellos que estudian idiomas. ¿Cómo los usan? Algunos utilizan la técnica de un objeto por pegatina.

Cada palabra que no recuerdes o que quieras memorizar tiene que tener una conexión o representación física.

Por ejemplo, si quieres recordar la palabra en inglés para "espejo", encuentra el espejo que uses con más frecuencia diariamente y coloca una pegatina sobre el espejo con la palabra "mirror" (espejo en inglés), de esa manera, cada vez que te pares frente a ese espejo, tendrás un recordatorio visual de cuál era su significado.

Puedes crear estos recursos para lo que sea. Si tienes problemas para decidir qué hacer de cenar, coloca una lista de los platillos que más te gusten sobre el refrigerador, si olvidas tomar una medicina, coloca un recordatorio en tu teléfono móvil a la hora que debes consumirla.

. . .

De esta misma manera puedes hacer una lista de tareas, o escribir la meta por la que estás trabajando para motivarte a continuar con tus actividades. Utiliza el dispositivo o modalidad que más te acomode, no hay limitantes para esta técnica.

3

Técnicas de crecimiento personal

INCREMENTA tu fuerza de voluntad

Aunque nunca es buena idea recurrir únicamente a tu fuerza de voluntad, ciertamente ayuda tener un poco para ayudarte a continuar. Y es aún más importante cuando te encuentras en el proceso de empezar algo nuevo, sea una tarea, un proyecto, e incluso un negocio.

Necesitas ese empujón inicial de la fuerza de voluntad que te llevará de procrastinar y tener la mente hecha un desastre a finalmente poner manos a la obra y hacer lo que deberías estar haciendo. Así que, ¿cómo puedes incrementar tu fuerza de voluntad?

. . .

Como cualquier otra cosa, la fuerza de voluntad tiene que alimentarse, y lo haces sobreponiéndote a la resistencia que naturalmente tienes hacia ella.

Asumamos que tu tarea principal para el día es llamar a los prospectos de venta que habías anotado en tu agenda meses atrás. La fuerza de voluntad sobrevive al alimentarla con acciones concretas. Puedes intentar pensar en ello como un rompecabezas, la única forma de terminarlo es colocando una pieza a la vez.

Así que si tu meta es llamarle a un posible cliente para venderle algo, puedes iniciar tu proceso de esta manera: Primero, toma el teléfono. Eso es todo, es el primer obstáculo que tienes que superar. Ahora tienes una pieza del rompecabezas que te ha ayudado a fomentar tu fuerza de voluntad un poco más. Lo siguiente es colocarlo junto a tu oreja, y luego marcar el número que tienes frente a ti.

Esto puede parecerte como una manera ridícula de empezar un proyecto, ¡pero funciona! Muchas de las celebridades y expertos que podemos ver en televisión, revistas, o noticieros han reportado no necesitar fuerza de voluntad para realizar sus actividades, solo necesitan ser disciplinados, aunque no quieran o no les haga sentido.

. . .

Pero, por supuesto, no todos somos expertos. Para muchos de nosotros hacer algo que no nos gusta es un verdadero martirio, por lo cual es importante darnos un refuerzo positivo cada ver que lo logremos, de esta forma tu cerebro comenzará a registrar estas pequeñas victorias y lo bien que te han hecho sentir, esto aumenta tu fuerza de voluntad y te hace sentir más fuerte cada vez. Sé gentil contigo mismo, no importa si fallas un par de veces, es un proceso y somos humanos, si fallas vuélvelo a intentar y esfuérzate por hacerlo bien.

Entre más acciones hagas, más aumentará tu fuerza de voluntad. Repítelas hasta que se vuelva una de tus mejores cualidades para ayudarte a alcanzar la máxima concentración.

Junta tareas similares

Una de las maneras de evitar abrumarte por las cosas que tienes que hacer es juntarlas todas en un solo grupo y realizarlas una tras otra. En nuestras actividades diarias, tendemos a tener entre 3 y 4 categorías de tareas, por supuesto esto depende de tu ocupación profesional o tu estilo de vida en general, pero comúnmente hablando podemos destacar las siguientes cuatro: creación, administración, publicidad, y tareas administrativas.

Organizar las actividades por categorías crea menos confusión y genera un flujo en el proceso de terminar proyecto. Te recomiendo que hagas las cosas relacionadas a la Creación o que te requieran cierta cantidad de creatividad en las mañanas. Este tipo de tareas pueden ser: crear contenido, escribir, hacer la planeación de un nuevo producto, etc.

Después de la parte creativa, es necesario que hagas todo lo relacionado con la administración o la publicidad, y la última categoría en la que puedes concentrarte es la parte de administración de recursos u otras tareas administrativas. Si ya tienes una plantilla de empleados, entonces todo esto se puede hacer de manera simultánea. De todas formas, siempre recomiendo que las partes creativas sean realizadas en la mañana.

Asumamos que no eres un hombre de negocios, en realidad eres un maestro de educación primaria. Entre varias actividades más, parte de tu trabajo seguramente involucra crear el material que utilizarás para la clase, revisar las tareas que entregan tus alumnos, calificar exámenes, y finalmente hacer entrega de las calificaciones, o, como modernamente se hace, registrar las calificaciones en una plataforma.

¿Qué deberías hacer primero? El material didáctico para la clase. Por supuesto, lo más probable es que tus horarios se encuentren delimitados por la institución en la que trabajas, pero una vez que hayas terminado con él tu primera tarea deberá ser esta. Crear el material necesitará de tu capacidad cognitiva y tu completo enfoque, por ello deberás concentrar la mayor parte de tu energía en ello.

Después puedes concentrarte en revisar las tareas y calificar los exámenes, esta será la parte administrativa de tu labor, son las tareas que necesitas realizar para que tu sistema siga funcionando efectivamente. Finalmente, puedes subir las calificaciones a la plataforma o registrarlas en las boletas de calificaciones. Esta última tarea es meramente mecánica y no requiere mucho pensamiento o energía, es perfecta para hacer por las tardes o incluso en la noche antes de realizar tu rutina nocturna.

Puedes usar la siguiente estructura: Realiza una lista de todas las cosas que haces para tu negocio, pasatiempo, o actividad profesional diariamente.

. . .

Puedes utilizar un mapa mental para poder plasmar toda la información que tengas.

Después, crea 4 columnas en una hoja de cálculo en tu computadora y categoriza todas las tareas en Creación, Administración, Publicidad, o Tareas Administrativas, si te sientes más cómodo renombrando las tareas para que encajen mejor con tu giro profesional puedes hacerlo, solo asegúrate de que las categorías puedan englobar apropiadamente la naturaleza de las tareas. Después, haz una pequeña agenda de trabajo, empieza por las tareas creativas o que más energía requieren, y termina el día con las tareas mecánicas de bajo esfuerzo. Tendrás una mayor claridad de qué es lo que debes realizar y el orden en el que debes realizarlo diariamente.

Establece fechas límite

Todas las cosas que realizo, y que están relacionadas con mi negocio, funcionan con fechas límites establecidas. ¿Por qué? Simplemente porque es una manera eficaz de ahorrar tiempo y de asegurarme que las cosas realmente se están llevando a cabo. Si la tarea que estás haciendo no tiene una fecha límite, ¡probablemente ni siquiera es importante!

El principal problema con algunas de las listas de tareas que las personas hacen para organizar su día es que las actividades no tienen una fecha límite.

Sin la presión de un límite, pueden terminar por no realizar ninguna de las actividades en lo absoluto. No me importa si solo es "una tarea rápida". Define lo que "rápido" significa porque el tiempo es relativo a la tarea. 30 minutos puede ser algo rápido para una persona, pero lento para otra persona. Por ejemplo, lavar tu coche en 30 minutos es claramente rápido, pero mandar un correo electrónico durante 30 minutos es algo totalmente sin valor.

Establece fechas límite para tus tareas y asegúrate de que estás siguiendo una regla estricta de cumplir con ellas. Si te das cuenta de que tus fechas límites son demasiado pronto y solo están contribuyendo a tu ansiedad y cansancio, intenta modificar los tiempos en tu siguiente proyecto.

Organizar las fechas límites también te ayudará a definir la importancia y urgencia de cada una de tus tareas. Una vez que hayas clasificado las tareas, podrás usar otras técnicas que hemos aprendido en este libro para hacer una lista de prioridades y estar consciente de lo que debes de hacer inmediatamente y qué otras tareas quizá puedes posponer.

También es importante que seas consciente del tiempo que pueden tomar las cosas para ser terminadas.

Entre más grande sea la meta, más larga deberá de ser la fecha límite. Algunos proyectos necesitan dos meses para completarse, y otros necesitan dos años.

Registra tu progreso para que puedas evaluar si estás yendo en la dirección correcta. Recuerda, siempre puedes corregir tu dirección y volver a ponerte en el camino correcto, pero el primer paso para ello es darte cuenta de que estás yendo en la dirección contraria. Seré muy insistente en esto, siempre reevalúa tu situación y tus metas, y asegúrate de que no te estás, en realidad, alejando del objetivo.

Analiza las principales metas que tengas. Evalúa la situación y sé honesto con lo que encuentras. ¿Estás en el camino correcto? O ¿te estás alejando de la dirección en la que querías ir? No debes avergonzarte al cambiar de dirección, no te estás traicionando, las circunstancias cambian e incluso las metas. Cambia de rumbo si eso necesitas, y comienza a definir fechas límites.

· · ·

No son únicamente un adorno para tu tabla de planeación. Estas fechas límites son las verdaderas metas que quieres vencer. Habrá unas de largo plazo y otras de corto plazo.

La manera de completar las de largo plazo es asegurándote de que tus rutinas diarias y semanales sean cumplidas también.

4

Mejora tu ambiente de trabajo

Prepara tu carga de trabajo digital

Siempre preparo las herramientas que necesito por la noche antes de mi día de trabajo. Suelo trabajar en mi computadora, así que lo que hago es que abro todas las pestañas que necesitaré y permito que se guarden automáticamente en el historial de mi buscador.

También abro todas las carpetas, archivos, o cualquier otra aplicación que necesite para terminar mis tareas más importantes. Cualquier documento o aplicación que no necesite estar abierta no deberá de ser abierta en lo absoluto.

. . .

También escondo todos los documentos que se encuentran en mi escritorio durante el periodo en el que me encuentro trabajando, de esa forma no me distraigo abriendo documentos al azar de mi computadora.

Hacer esto promueve tu concentración y te prepara para realizar tu trabajo satisfactoriamente.

Si todas las herramientas que necesitas se encuentran disponibles inmediatamente, es más probable que pongas las manos a la obra sin distraerte demasiado en cosas sin sentido.

Identifica las tareas que necesitarás hacer el día siguiente.

Luego, identifica las herramientas que necesitarás para llevar a cabo esas tareas.

Utiliza media o una hora de tu noche, antes de dormir, para abrir tu computador o visitar tu área de trabajo, junta todas las herramientas digitales necesarias o prepara las pestañas de tu navegador, de esa forma estarán a la mano en el segundo en el que quieras empezar a trabajar.

Ordena tus plataformas de trabajo digitales

A no ser que vivas bajo una roca, lo más probable es que utilices más de un medio de comunicación digital para realizar tus tareas diarias. Una manera de ayudarte a concentrarte en tus tareas es organizar estas labores digitales. Existen muchas cosas que puedes hacer que ayudarán a tu capacidad para concentrarte, a continuación, te mostraré las más importantes que me funcionan personalmente.

Suscripciones por correo electrónico – Te recomiendo eliminar la mayoría de las suscripciones que tienes a correos electrónicos automáticos. Créeme, no necesitas las promociones de esa tienda departamental, ni el curso de cómo hacerte millonario en tres días que te ofrece un coach de vida, y ciertamente no necesitas estar enterado sobre las últimas noticias sobre la vida de tus celebridades favoritas.

Si te pusieras a revisar todas estas suscripciones en un solo día te darías cuenta de cuánto tiempo verdaderamente pierdes en ellas. ¡También son un tipo de vampiros de tiempo, pero en modalidad digital! Trata de evitarla tanto como puedas.

Si no eres capaz de cancelar la suscripción (sabemos que algunos sitios lo vuelven demasiado complicado) puedes configurar tu bandeja de entrada para redirigir esos correos a tu carpeta de basura inmediatamente, o a una carpeta predeterminada que nunca deberás revisar.

Aplicaciones de escritorio – Otra cosa que puedes hacer es eliminar aplicaciones que ya no uses, o que uses con poca frecuencia. Solo sirven como distracciones. Además, las notificaciones constantes de que es hora de actualizar algunas aplicaciones también pueden distraerte y desperdiciar tiempo que podrías invertir en tareas productivas.

Después, organiza tus aplicaciones por función. Algunos dispositivos te dan la opción de personalizar las carpetas en las que guardas tus aplicaciones, pero, si no, intenta colocar las herramientas de trabajo de un lado de la pantalla, las herramientas creativas de otro lado de la pantalla. Por ejemplo, si utilizas programas de edición de fotografía y edición de video colócalos uno junto de otro, de la misma manera con tus programas para hacer documentos de texto, tablas de cálculo, o presentaciones. Si pueden encajar en una sola categoría agrúpalas en una esquina de tu escritorio para poderlas encontrar fácilmente cuando sea hora de utilizarlas.

Crea carpetas – Esto es algo muy importante, y probablemente necesitarás tomar la mitad de un día, o incluso un día completo, para organizar tus carpetas y archivos. Algunos computadores traen algunas carpetas predeterminadas como de imágenes, videos, música, etc. pero la vida no se divide en categorías tan generales. Crea carpetas de contenido personal, profesional, o de negocio. No quieres que estén tan enredadas como para no poder encontrar nada cuando lo necesites, pero tampoco será muy productivo mezclar contenido personal con el laboral, en realidad solo servirá como otra manera de distracción. Idealmente tendrías dos computadores para cada aspecto de tu vida, pero los tiempos son difíciles y es prioridad maximizar la eficiencia de las herramientas que ya posees.

Minimiza el uso de las redes sociales – Revisar con frecuencia las redes sociales, especialmente en actividades no relacionadas con tu trabajo o negocio, es un gran desperdicio de tu tiempo. Es la forma más amable en la que puedo expresarme, no hay otra manera de decirlo. Es un desperdicio de tiempo y es algo tonto.

. . .

Te recomiendo solo utilizar las redes sociales una vez cada dos días, al fin y al cabo, son una manera de mantenerte conectado con el mundo y las personas a tu alrededor.

Programa el tiempo que pasarás revisando tus redes sociales de ser necesario. Invertir de 20 a 30 minutos por aplicación cada dos días es suficiente contenido.

Invierte tu tiempo en organizar tus recursos digitales, puede parecerte una tarea mundana o exhaustiva, pero te ayudará a fluir mejor en tus horarios laborales, y reducirá el estrés y las distracciones mientras trabajas.

Si no estás seguro de cómo realizar algunas de las cosas que te sugerimos, puedes buscar tutoriales en internet, hay una gran cantidad de videos que explican cómo organizar una bandeja de entrada de correo electrónico, cómo organizar las aplicaciones de tu escritorio, y cómo crear carpetas en tu computador.

Ordena tus plataformas de trabajo físicas

. . .

Es tiempo de concentrarnos en el ambiente físico. Por muchos años, me negué a limpiar mi oficina en casa diariamente. La excusa más famosa que utilizaba era que "simplemente era una persona desordenada" y continuaba por afirmar que, incluso en mi desastre, podía tener todo bajo control y saber dónde estaba cada cosa que necesitaba.

En ese momento no lo sabía, pero ahora que pienso en ello, es increíble cuando afectaba mi productividad, y lo inconsciente que era de ello. Había cosas por todos lados, entre papeles, artículos de oficina, agua embotellada, e incluso vasos y platos de la hora del almuerzo. Me atrevo a decir que incluso pude haber encontrado un par de seres vivos entre las montañas de papel.

Es hasta ahora que me doy cuenta lo mucho que influía en mi mentalidad, y lo hacía para peor. Ahora es claro para mí que tener las cosas que necesito para trabajar esparcidas por todos lados es lo que realmente afecta tu flujo de trabajo porque tienes una distracción no importa hacia dónde enfoques la mirada.

Pero una vez que empecé a limpiar mi habitación, gracias a los consejos de mis colaboradores y un par de autores de superación personal, me volví más productivo, enfocado, menos irritable, y menos propenso a distracciones.

. . .

Honestamente, era un mundo completamente nuevo para mí. No espero que lo comprendas por completo, especialmente si eres de los que se siente cómodo con su desorden, pero estoy seguro de que te estás preguntando cómo se siente poder trabajar con completa libertad.

Te recomiendo que organices tu área de trabajo. Esto te permitirá concentrarte mejor y probablemente tener menos ansiedad. Empieza con las cosas que no utilices o utilices muy poco. Arrójalas al basurero o guárdalas en un área diferente, como otra habitación que no uses con frecuencia.

Si tienes problemas haciéndolo solo, puedes intentar contratar a un experto en organización que te pueda ayudar con ello. Si esto te parece demasiado, pídele el favor a un amigo que te fuerce a quedarte en la oficina hasta que hayas terminado, a veces compartir las tareas más difíciles con las personas que queremos las vuelve mucho más sencillas.

Puedes hacer lo siguiente: Programa uno de tus días libres (puede ser un fin de semana) y empieza a organizar tu área de trabajo. Si trabajas desde casa, quizá necesites más de un día para lograrlo. Si tu área de trabajo es en una oficina, un día deberá de ser suficiente. Los complejos de oficina también tienen personal que puede ayudarte con la limpieza de tu espacio de trabajo, así que no dudes en pedir ayuda.

Empieza por tu escritorio o la plataforma donde realices la mayoría de tu trabajo.

Deshazte de todo lo que no necesites o regálalo a alguno de tus compañeros de trabajo. Después enfócate en la papelería. Esconde o archiva todos los documentos que ya no utilices, la realidad es que más del 90% de los documentos que aún guardas seguramente están obsoletos o no los utilizas para tu trabajo actual. No te apresures, tómate el suficiente tiempo para asegurarte que no necesitas los documentos que estás por destruir. Al finalizar, puedes recompensarte con algo delicioso o un merecido descanso.

Utiliza auriculares que bloquean el sonido

Puede que este consejo te parezca contraproducente a otros que hemos visto a lo largo de este libro, pero la realidad es que tener ruido de fondo no funciona para todos. Personalmente, trabajo mejor cuando me encuentro en total paz. Odio los sonidos pasajeros o el ruido de fondo, porque realmente no puedo soportar distraerme cuando estoy concentrado trabajando.

Puedo ser productivo por 30 minutos seguidos, pero tan pronto como alguien se acerque a mí para preguntarme algo o pedirme algo, me torno inmediatamente en un desastre inútil.

Por alguna razón, puede tomarme hasta 30 minutos el volver a concentrarme en lo que estaba haciendo. Así que un día tomé la decisión de comprar auriculares con cancelación de ruido y descubrí que me brindaban dos beneficios principales:

1. *No escucho el ruido afuera de la habitación donde estoy trabajando:* Esto es algo importante para mí. Me distraigo con facilidad y también me irrito rápidamente. No escuchar los cotilleos de otras personas es algo invaluable para mí.
2. *Las personas dejaron de fastidiarme:* Por alguna razón, tener dos objetos electrónicos aferrados a tu cabeza hace que la gente se dé cuenta de que no debe molestarte. Esto me ha ahorrado muchas horas de distracciones y el

rendimiento que he tenido me ha devuelto más de 10 veces la cantidad de dinero que invertí en los audífonos de cancelación de ruido. Simplemente valen cada centavo.

Si esto se te hace demasiado elegante, puedes comprar tapones de oído o usar los complementarios que te regalan durante los vuelos. Si trabajas solo en casa puedes optar por no usarlos, pero aun así te recomendaría tenerlos puestos si necesitas concentración absoluta, el timbre y el teléfono pueden ser grandes distractores.

Alternativamente, puedes desactivar las notificaciones de tu celular, desconectar los teléfonos de tu casa, colocar tu computador en modo de no molestar, y bloquear el resto de tus dispositivos. Al principio de este libro te ofrecí un par de consejos sobre cómo organizar el tiempo de ocio para usar dispositivos y cómo impedir que estos afectarán tu flujo de trabajo. Quizá sea hora de visitarlas de nuevo.

5

Préstale atención a tu salud

Busca ayuda

No todas las tareas que anotemos en nuestra lista son posibles de realizar por una sola persona. A veces, tienes que pedir ayuda. No todos los problemas se pueden solucionar solo concentrándote. Algunas tareas requerirán que dos o más personas trabajen juntas para lograr un objetivo.

Si te das cuenta de que tu concentración no está siendo suficiente, no dudes en encontrar a alguien que pueda darte una mano para el proyecto que estás realizando. No hay nada de malo en pedir ayuda. Entre más rápido descubras que debes de pedir ayuda, más rápido encontrarás a alguien que esté dispuesto a ayudarte.

Ahora, también es importante saber cómo pedir ayuda y a quién. ¿Has escuchado el dicho "mucho ayuda el que no estorba"? Bueno, usaremos un principio similar.

Cuando busques ayuda debes considerar algunos aspectos antes de seleccionar a quién le pedirás el favor:

Considera la disponibilidad de la persona – De nada sirve pedirle a alguien que te ayude si probablemente esté igual de ocupado que tú. Evalúa qué personas a tu alrededor tienen suficiente tiempo libre o una carga de trabajo menor, de esta forma te ayudarán a repartir la carga de trabajo que deberás de hacer.

Toma en cuenta las habilidades personales – Escoger a la persona correcta para el trabajo es igual de importante que llevarlo a cabo. No quieres únicamente terminar tus actividades a tiempo, quieres que se terminen bien. Por ejemplo, si necesitas llevar a cabo una tarea de diseño gráfico, no deberás pedirle ayuda a alguien cuya especialidad sea la ingeniería mecánica. Toma tu tiempo para definir qué habilidades necesitas para las tareas que vas a delegar y luego encuentra quién pueda completar la tarea satisfactoriamente.

La afinidad es importante – Puede que tú tengas una visión específica de lo que necesita o requiere tu proyecto, cuando eres una sola persona trabajando en él no habrá mucho problema, pero al involucrar más personas en el proyecto comenzarás a obtener otras opiniones y puntos de vista con los que puedes no concordar por completo. Ten en cuenta la afinidad que tendrás con las personas que formen parte de tu equipo, las discusiones, el estrés, y la falta de confianza podrían llevar a pérdidas importantes de productividad.

Analiza los proyectos que estás llevando a cabo. ¿Te sientes abrumado porque probablemente no podrás terminarlos? Entonces, quizá quieras considerar pedir ayuda. Pídele a uno de tus subordinados o empleados que te apoye, o contrata a un experto independiente para finalizar alguno de los aspectos del proyecto.

Pide ayuda y reorganiza tus actividades por prioridad, identifica cuáles puedes delegarle a aquellos que te ayudan, y cuáles puedes realizar independientemente.

· · ·

Recuerda prestarles atención a las fechas límites, ¡y siempre puedes compartir los consejos de este libro con quienes te apoyan!

Bebe un jugo verde por la mañana

Lo que ingresas a tu cuerpo tiene un gran efecto en la manera en la que piensas. Por un lado, si comes comida chatarra en las mañanas te sentirás inflamado y mareado durante todo el día. Por otro lado, si tomas un jugo verde en la mañana te sentirás energizado y listo para realizar tus tareas.

Obviamente, existen un millón de recetas ahí afuera. Incluso puedes crear la tuya propia con ingredientes que te satisfagan y te gusten, porque, siendo honestos, la gran mayoría de las recetas, sean preparadas o empaquetadas, apestan. Lo que personalmente hago es tomar un jugo en polvo que pueda preparar fácilmente.

Ahora, sé que existen muchas limitaciones de salud que pueden hacer que este consejo sea contraproducente. Si te encuentras bajo una dieta especial o tienes alguna restricción de alimentación, te sugiero que consultes a tu médico o nutricionista sobre cuáles pueden ser tus opciones de consumo en la mañana, o incluso que te comparta una receta que se ajuste a tu dieta.

Bebe este jugo apenas te levantes, puede ser durante el desayuno o incluso antes. Te darás cuenta de que tu concentración inmediatamente aumentará y los niveles de energía se mantendrán constantes después de haber realizado esta rutina diariamente por 7 o 10 días.

¿Deberías evitar la cafeína?

Desde que tengo memoria se ha fomentado el uso de cafeína para mantenernos alerta durante el día. Más de uno de nosotros hemos visto en películas y series de televisión como algunas personas no pueden comenzar su día ni sus actividades laborales sin tomar una taza de café.

Vivimos en una cultura laboral que glorifica el uso de sustancias energizantes para llevar a cabo nuestras actividades diarias.

. . .

Si usualmente consumes bebidas altas en cafeína (como el café, té, y otras bebidas energéticas que la usan como apoyo) todas las mañanas, entonces te será difícil dejar de hacerlo antes del trabajo.

Puedo entender tu dilema. Personalmente fui adicto al café por años, y me llevó un par de meses solo minimizar la cantidad de cafeína que adquiría al día antes de decidir que era momento de dejar de beber café.

El problema con el café es que puede generar una fuerte dependencia. Tu cuerpo puede llegar a desarrollar una necesidad y sensación de urgencia que te hace sentir que es absolutamente necesario para operar (lo cual no es cierto). Añadí el consejo de un jugo verde para que puedas encontrar un sustituto de energía y dejes de depender del café para sentirte despierto.

La cafeína también genera un bajón después de las primeras horas de incremento de energía. Personalmente podía sentirme a lo máximo de mi capacidad por dos o tres horas y de repente ¡Bum! Se acababa. Entonces tenía problemas para concentrarme y no podía realizar mi trabajo apropiadamente de nuevo.

. . .

Aquí hay algunas cosas que puedes hacer para eliminar tu dependencia la cafeína:

1. Reemplázala con una mejor alternativa. Puede ser el jugo verde que te recomendé anteriormente, agua, o incluso café descafeinado.
2. Ingiere menores cantidades reduciendo las porciones que tomas diariamente. Si estás acostumbrado a beber una raza entera, comienza por solo servir tres cuartos de traza, una vez que hayas pasado el proceso de adaptación, reduce a media taza de café. Reduce las cantidades poco a poco hasta que te hayas deshecho del hábito.
3. No te sientas culpable por querer consumirlo. Personalmente me permito tomar una taza de café dos veces a la semana. Ya no tengo el antojo frecuente, pero de vez en cuando siento la necesidad de tomar una taza, seamos sinceros, un buen café es algo de lo que se puede disfrutar fácilmente. Sin embargo, la combinación de jugo verde y agua que consumo diariamente ha minimizado la cantidad de veces que siento la necesidad de tomar una taza de café.
4. Reduce la intensidad de tu café. Cambia la marca a uno menos intenso, añade más agua,

o reduce la cantidad de cucharadas que aplicas. Si la marca que consumes tiende a ser fuerte, intenta encontrar una con intensidad mediana o incluso sin cafeína. Puedes utilizar la misma estrategia si tu gusto culpable es el té, es popularmente conocido que algunos tés como el verde y el negro tienden a ser más altos en cafeína que los tés de manzanilla, jengibre, o jazmín.

5. Procura evitar los pasillos de bebidas con cafeína cuando te encuentres haciendo tus compras de la semana. Te será más fácil evitar consumirlo si no tienes el producto a la mano en primer lugar.
6. Encuentra un grupo de apoyo o compañero. Si trabajas en un complejo de oficinas, seguramente encontrarás a más de un compañero de trabajo que tiene el mismo mal hábito que tú. Genera un pequeño grupo de apoyo, así podrán compartir sus experiencias y brindarse palabras de aliento cuando sea necesario.

No tienes que realizar todo lo que te he descrito anteriormente, selecciona una de las ideas y ponla en marcha.

. . .

Visualiza esto como un proyecto más, recuerda que la parte más difícil es empezar, pero una vez que lo hayas hecho se volverá más sencillo día con día. No te mortifiques si fallas algunas veces, cambiar los hábitos es algo difícil, y el cambio es un proceso lleno de subidas y bajadas.

Sin importar si decides empezar haciendo todo o solo un paso a la vez, desarrolla tu fuerza de voluntad para dejar de consumir café.

Preserva tu energía emocional

Solo tenemos una cantidad limitada de energía que podemos utilizar en el día, y no me refiero únicamente a la energía física, esto incluye nuestra energía emocional también. La energía emocional se define por nuestra capacidad psicológica de expresar y manejar nuestras emociones.

Con frecuencia no somos capaces de notarlo, pero muchos de nosotros rebasamos nuestro límite y terminamos exhaustos emocionalmente. ¿Nunca has sentido que no puedes hablar con nadie después de haber pasado más de 8 horas trabajando? ¿Te sientes irritado, con ganas de estar solo, o con necesidad de que todos a tu alrededor cierren la boca por un minuto? ¿Sientes como si fueras a descontrolarte en cualquier segundo? Si respondiste que sí a alguna de estas preguntas, estás exhausto emocionalmente. Tu energía emocional fue consumida por completo.

Cuando esto sucede, necesitas recargarla, aunque seguramente te preguntarás cómo. Primero que nada, mantente alejado de los vampiros de tiempo. Su habilidad especial es absorber tu energía, y la de otros, sin que siquiera puedas darte cuenta. Te alejarás de esa conversación sintiéndote drenado y agotado, como si te hubieran robado la energía de tu batería interna.

Lo siguiente que tienes que hacer es manejar tus emociones durante días de alto estrés laboral. No te aferres demasiado a lo que está sucediendo o lo que pueda suceder. La ley de Murphy dice "todo lo que puede salir mal saldrá mal". Recuerda que no siempre tienes control sobre todo lo que sucede ni lo que sucederá. Deja de estresarte por ello y piensa en qué puedes hacer para solucionarlo.

. . .

En tercer lugar, intenta ejercitarte todas las mañanas. Sé que esto es complicado especialmente si eres la cabeza de una familia, pero si tienes la posibilidad es preferible que lo hagas, se ha comprobado que el ejercicio logra reducir los niveles de estrés, lo que puede ayudarte a recargar tu energía emocional para concentrarte mejor. Si no logras programarlo en las mañanas, intenta hacerlo por las tardes, una sesión de 30 minutos de caminata u otros tipos de ejercicio cardiovascular.

Tu última opción es realizarlo por la noche, pero procura que no sea demasiado pegado a tu hora usual de dormir, prográmalo al menos dos horas antes de acostarte, de lo contrario tendrás demasiada energía y no podrás conciliar el sueño.

Identifica las cosas que están interfiriendo o drenando tu energía emocional. Pregúntate a ti mismo ¿estás manejando tus emociones correctamente cuando te enfrentas con esas cosas?, ¿cómo reaccionas cuando alguien falla en la tarea que les asignaste?, ¿te sientes ansioso, fastidiado, y enojado?, ¿o reaccionas calmadamente, con lógica, y siendo razonable?

. . .

Recuerda, concéntrate en las cosas que puedes controlar. La mayoría del tiempo, lo único sobre lo que verdaderamente tienes control es la manera en la que te sientes o reaccionas en ciertas situaciones.

Establece límites y apégate a ellos

Cuando estamos lidiando con vampiros de tiempo, tendemos a ser demasiado amables y acceder a sus requisiciones sin importar nuestro propio tiempo. No importa si realmente quieres decir que "sí" todo el tiempo.

En realidad, sabes que deberías decir que "no". Así que ¿por qué sigues diciendo que sí cuando realmente lo que quieres decir es "no, no quiero hacerlo" o "no, estoy demasiado ocupado ahora"?

El problema es que nos gusta evitar el conflicto, y al poner límites podemos generar conflicto a nuestro alrededor. No queremos que las personas se sientan mal o digan cosas malas sobre nosotros. Así que nos convertimos en una "máquina de sí" y (aparentemente) aceptamos con gusto las demandas que nos hacen otras personas a expensas de nuestro tiempo y energía.

. . .

Pero al final esto resulta un problema, y es un problema grande. Estas distracciones amenazan nuestra productividad y concentración. Son distracciones no nos permitirán volvernos la mejor versión de nosotros mismos, así que tienes que aprender a establecer límites, decir que no, y apegarte a tu palabra.

Aquí hay algunos consejos que puedes seguir si te cuesta trabajo decir que no:

1. Practica decir "no" frente a un espejo. Puede sonar cliché, pero lo digo en serio. Párate frente al espejo y di "no" unas 30 o 50 veces. Esto ayudará a que te vuelvas más cómodo con decir la palabra. Tendrás que decir que no a muchas cosas para que puedas decirle que sí a las cosas correctas.
2. Intenta tener alternativas para cuando digas que no. Por ejemplo, si alguien necesita "un minuto de tu tiempo" pero no quieres que te estén molestando todo el tiempo, puedes decir que no y luego explicar por qué estás diciendo que no. Puedes decir algo como esto "Hey, Rob, entiendo que necesitas ayuda en este momento, pero tendré que decirte que no. Usualmente soy más productivo de 8 a 11 de la mañana y me gustaría mantener mi

concentración y flujo de trabajo en marcha. Cuando tengas alguna necesidad, apreciaría si pudieras buscar mi ayuda por las tardes o incluso un día antes de la fecha límite de tu tarea. Muchas gracias por entender". Puede que al principio suene raro o sea incómodo explicar las razones detrás de tu negación. Pero cuando finalmente estén entrenados para aceptar tu respuesta, te encontrarás con menos distracciones y te darás cuenta de que convertiste a ese vampiro de tiempo en un amigo que puede apoyarte en tu productividad.
3. Recuerda los otros consejos que te he ofrecido en este libro. Define los horarios en los que puedes atender a otras personas, programa los favores que te has ofrecido a realizar entre tus tareas diarias, organiza esas nuevas tareas dependiendo de la prioridad que tengan, y entrena a la gente a tu alrededor a respetar los horarios que has establecido.

Di que sí, pero solo cuando las actividades se alineen a tus metas

. . .

Ahora, ¡Tampoco se trata de decir que no todo el tiempo! También tienes que tomar nuevas oportunidades… pero solo si se alinean a tus metas.

Te pondré un escenario: Digamos que el vicepresidente de tu compañía quiere que conozcas a alguien que asistirá a una cena a las 7 pm. Puede que al principio pienses que es una actividad trivial, pero luego te comentan que esta persona tiene una gran cantidad de dinero y está buscando nuevas oportunidades de inversión. Justamente habías estado buscando nuevos inversores para tu negocio, debido a que necesitas una nueva fuente de financiamiento para generar liquidez en tu empresa. Ahora puedes ver como esta puede ser una oportunidad que te brinde un beneficio a corto o largo plazo.

Siempre debes de encontrar una manera de analizar los pros y los contras de las oportunidades que se te presentan, y también debes estar consciente de las consecuencias que pueden tener tus decisiones.

Así que, sí, arriésgate a nuevas oportunidades, no todas las personas que se acercan a ti lo hacen con la intención de manejar tu tiempo como se les antoje. Algunos tendrán la habilidad de ayudarte y apoyarte en tus metas.

. . .

Analiza las oportunidades que se te hayan presentado últimamente. Asegúrate de que estés consciente de las opciones que tienes antes de decir sí o no. ¿Realmente vale la pena perderte el partido de fútbol de tu hijo para estar en una junta todo el día? A veces valdrá la pena, otras veces no tanto. Aprende a evaluar la situación y toma la decisión que te dará más beneficios te sentirás orgulloso de haber tomado.

Otro aspecto que debes de considerar en tus cálculos es el costo de oportunidad. Esto se refiere al costo que involucraría la opción que estás dejando de lado. Por ejemplo, regresemos al escenario de la cena con el inversor. Asumamos que tu otro compromiso era estar presente en el cumpleaños de tu hijo, y has decidido cancelar la cena con el inversor.

Tu costo de oportunidad es una posible inversión necesaria para tu negocio, pero de haber escogido la otra opción, tu costo de oportunidad era pasar un día con tu hijo en una fecha especial para él. No hay una respuesta correcta, siempre debes hacer un análisis de los beneficios y posibles consecuencias y decidir qué es más importante para ti.

Ejercítate todos los días

. . .

Ya habíamos mencionado esto como una de las técnicas para reducir el estrés, pero ahora veremos un poco más a fondo el impacto que una vida activa tiene en la productividad de una persona. Es de conocimiento general que el ejercicio ayuda a mejorar la salud física, darte más energía, sentirte más feliz, y concentrarte mejor, entre muchos otros beneficios.

El problema no es que no sepamos de los beneficios del ejercicio, ni que no sepamos cómo ejercitarnos, el problema es que muchos de nosotros no tenemos la disciplina para implementarlo. La mayoría sentimos que no tenemos tiempo para ejercitarnos. Si juntas todas las responsabilidades que tienes diariamente como los hijos, el trabajo, el poco tiempo libre, pareciera que no existe tiempo para ello, ¿verdad?

Pero existen muchas personas que están ocupadas y aun así logran ejercitarse cada uno o dos días. La clave es tratar de volverlo parte de tu organización diaria. Es algo que vuelves parte de tu rutina como lavarte los dientes o bañarte.

Lo que te sugiero es que empieces con una rutina de 15 minutos al día. La mayoría de nosotros tenemos 15 minutos libres que podemos utilizar, y no toma mucho de nuestra rutina diaria. Existen muchos programas de ejercicio que solo toman 15 minutos, puedes intentar buscarlo en la web y encontrarás cientos de programas.

Si tienes alguna condición cardiovascular o de otro tipo, es preferible que consultes primero con un profesional. Recuerda no forzarte, y si sientes algún tipo de dolor o dificultad no dudes en consultar a tu médico.

Toma caminatas cortas

Algunas personas afirman que existe un gran beneficio de caminar por poco tiempo diariamente, aquí te dejo una lista de personas que iban en caminatas cortas diariamente:

1. Aristóteles
2. William Wordsworth
3. Charles Dickens
4. Henry David Thoreau
5. John Muir
6. Patrick Leigh Fermor
7. Soren Kierkegaard

Caminar ayuda a obtener un sentido de claridad.

. . .

Ayuda a relajar nuestras mentes y permite que divaguen por un rato. Milagrosamente, muchas nuevas ideas pueden surgir durante o después de una caminata. Es como si caminar diera a luz a las ideas que se están escondiendo en la parte de atrás de nuestro cerebro.

¿Por qué caminar puede ayudarnos a pensar mejor? La caminata es uno de los ejercicios cardiovasculares de bajo impacto más beneficiosos para nuestro cuerpo, caminar logra incrementar el flujo de la sangre a todos nuestros músculos y órganos, lo cual incluye a nuestro cerebro. Esto permite que los vasos sanguíneos en tu cráneo se llenen de nutrientes y por ende se promuevan conexiones cerebrales sanas.

El hipotálamo también se ve beneficiado e incluso se ha comprobado que puede aumentar de volumen si se añade al menos veinte minutos de caminata diariamente, esto ayuda a la capacidad de retención, la memoria a mediano plazo, y también la de largo plazo.

Las caminatas cortas también ayudan a reducir la cantidad de ansiedad y estrés, dos aspectos que habíamos mencionado antes y que son grandes enemigos de la productividad.

. . .

Personalmente, suelo caminar entre 10 y 20 minutos diarios. Puedes escoger una ruta que te guste, que te resulte familiar, o incluso que te sirva de algún propósito.

Por ejemplo, si necesitas hacer una compra de último minuto, en lugar de tomar tu auto camina hacia la tienda de conveniencia. Parece una acción insignificante, pero puede brindarte más beneficios de lo que esperabas.

Puedes intentarlo después de dos o tres horas seguidas de trabajo, te ayudará a relajarte y reiniciar tu cerebro para continuar realizando tus tareas más energizado y renovado.

Corre, corre, y corre

Cuando se trata de los beneficios físicos que puede traer una acción, correr tiene la misma cantidad de ventajas que caminar. Además de que te mantendrás en forma, también te ayuda a ganar claridad y concentrarte en el trabajo que tienes por delante. Pero a diferencia de la caminata, una sesión de trote o correr debe alargarse más para maximizar sus beneficios.

Caminar es lo mejor para ganar claridad, pero correr es bueno para generar energía y resistencia. Cuando se trata de correr, te sugiero que lo realices de 3 a 4 veces por semana por al menos una hora. No tienes que empezar haciéndolo de esta manera, de la misma forma en la que te he explicado el resto de los ejemplos en este libro, la parte más difícil es incorporarlo a tu rutina si nunca lo has hecho antes, empieza con sesiones de 20 minutos e incrementa 10 minutos cuando te hayas acostumbrado al tiempo inicial, repite esto hasta que puedas llegar a la meta de una hora.

Te sugiero correr afuera si te es posible.

Utilizar caminadoras para correr también está bien, pero no incluye todos los beneficios que puedes obtener de sentirte conectado con la naturaleza y apreciar los paisajes que el mundo tiene para ofrecerte, al fin y al cabo, no hay nada como el aire fresco.

. . .

Si te cuesta trabajo comenzar, puedes seguir este par de consejos que te ayudarán a facilitar la transición entre una vida sedentaria y una rutina para correr:

1. Compra unos tenis para correr. Si la suela de tus zapatos no es la adecuada, el impacto puede generar un ligero dolor en las rodillas a futuro, además de que no querrás tener los pies llenos de juanetes por correr con los zapatos incorrectos. Acércate a una tienda deportiva y pídele a alguien que te asesore cuáles son los mejores tenis para correr, escoge unos que sean cómodos, adecuados, y que incluso te gusten estéticamente.
2. Compra ropa adecuada. De la misma manera, es probable que te canses mucho más si corres en un traje de gala que si lo haces con unos shorts y una camiseta. Escoge ropa cómoda y fresca que te pueda permitir un rendimiento suficiente para tu periodo de ejercicio. De preferencia, utiliza ropa que absorba el sudor, de esta forma te sentirás menos incómodo mientras corres.
3. Consigue un par de audífonos bluetooth. Correr puede ser aburrido si se hace individualmente, y en esos casos no hay nada mejor que un buen podcast o lista de reproducción para hacerte sentir motivado

durante tu rutina de ejercicio. La música, además, estimula otras partes de tu cerebro, así que puede ayudar a volver el ejercicio más divertido.

4. Planifica tu ruta. No tiene que ser una ruta complicada, pero es preferible que la establezcas de antemano, de esta forma puedes calcular aproximadamente la distancia que recorrerás, y podrás llevar un registro del tiempo que te toma recorrerla, eventualmente comenzarás a ver mejoras en los tiempos y esto te motivará a seguir adelante. Puedes buscar aplicaciones en la web o en las tiendas móviles.

5. Consigue una pulsera inteligente. Es importante tener un registro de tus metas y progreso, y para eso las pulseras inteligentes han ido ganando cada vez más popularidad. Las más básicas te ayudan a monitorear tu ritmo cardíaco, contar la cantidad de pasos que das al día, y medir cuántas calorías quemaste durante tus rutinas de ejercicio, por otro lado, las más avanzadas hacen todo esto y más, además de que te permiten el acceso a las redes sociales, administración de tu música, entre otras cosas. Personalmente prefiero las más simples, son más sencillas de utilizar, y me

permiten concentrarme en lo que realmente
estoy haciendo: correr.

Como siempre, es importante que conozcas tus propios límites. Si tienes dudas sobre cuál es la intensidad que deben tener tus ejercicios, te sientes mal durante una rutina, o sientes dolor al correr, es preferible que consultes a tu médico o a un profesional.

Duerme profundamente

Soy un gran apasionado de dormir. ¿Por qué? Porque conozco lo importante que es para mi vida. Cabe mencionar que no soy médico, y lo siguiente que te diré está basado únicamente en mi experiencia personal. Si quieres llevar a cabo algunos de los consejos que te ofreceré será mejor primero consultar con un médico.

Mis peores días han sido aquellos cuando no he dormido lo suficiente- Cada vez que duermo menos de 6 horas, el día siguiente no parece fluir de la manera adecuada.

No puedo funcionar apropiadamente si no duermo al menos siete horas. De hecho, se rumora que Einstein dormía entre 10 y 12 horas al día, claro, nosotros no tenemos que descubrir la teoría de la relatividad, así que entre 7 y 8 horas deben de ser suficientes para un cerebro promedio.

A lo largo de los años, he probado muchas maneras de optimizar mi tiempo de sueño, algunos no sirvieron para nada, otros solo fueron una pérdida de dinero, y algunos de verdad me funcionaron.

Duerme en oscuridad total – Logré hacer que mi habitación fuera completamente oscura, de tal manera que la luz de afuera apenas pueda penetrar las ventanas. Esto me sirve para poder dormir mis horas completas no importa lo tarde que pueda llegar a conciliar el sueño, de esta manera el sol no me levantará y permitiré que mi cuerpo se despierte solo. Esta es una técnica especialmente funcional durante los fines de semana, ya que es cuando la mayoría de nosotros tratamos de compensar el sueño perdido durante la semana.

Si tus cortinas no son lo suficientemente gruesas, siempre puedes optar por un visor de noche, te ayudarán a mantener una gran cantidad de luz exterior lejos de tus ojos. Procura escoger uno que se ajuste cómodamente al tamaño de tu cabeza, de lo contrario podrías despertar con una jaqueca.

. . .

5-HTP – También conocido como 5-Hidroxitriptófano.

Es un suplemento alimenticio que se ha popularizado recientemente, con frecuencia es utilizado en casos de depresión, migraña, y ansiedad. Es importante que consultes a un médico antes de consumir 5-HTP, es necesario que hagas una evaluación profesional para definir la dosis que es seguro consumir para ti. El 5-HTP está catalogado como un antidepresivo y, aunque personalmente me funcionó, puede no ser de ayuda para todos los individuos. Consulta a un profesional y consúmelo de manera segura.

No utilices ningún dispositivo dos horas antes de acostarte a dormir – Todos los dispositivos que usamos hoy en día emiten un tipo de luz que le indica a los ojos que "aún es de mañana", por ello es difícil conciliar el sueño cuando utilizas tu teléfono por las noches. Nuestros cerebros son engañados por la luz azul haciéndoles creer que, al ser de día, tienen que mantenerse despiertos, y por ello nos cuesta trabajo quedarnos dormidos.

. . .

También afecta nuestra calidad de sueño, ya que no logramos dormir tan profundamente cuando usamos nuestros dispositivos.

Algunos teléfonos y tabletas cuentan con un modo de "luz nocturna" que intenta reducir la cantidad de luz azul que emite el dispositivo, si por alguna razón necesitas estar pegado a tu teléfono antes de dormir, asegúrate de tener activada esta modalidad para reducir el impacto de la luz artificial en tu sueño.

Utiliza tapones para los oídos – Los ruidos del exterior pueden mantenernos despiertos por la noche o despertarnos durante nuestro periodo de sueño. He podido notar que utilizar tapones para los oídos por la noche elimina alguno de estos ruidos que podría llegar a escuchar mientras estoy durmiendo.

Escoge el par cuidadosamente, si los tapones son demasiado grandes podrían lastimarte o agotarte durante la noche. También puedes consultar con tu médico cuál es la mejor opción para ti.

6

Invierte en tu descanso

Toma descansos cortos

Vivimos en una cultura ajetreada. Cuando el emprendedor y celebridad Gary Vaynerchuk dijo que debemos de actuar apresuradamente creo que muchas personas malentendieron lo que quería decir.

Cuando decía que deberíamos "ajetrearnos", no se refería a que debíamos trabajar 18 horas al día y dormir solo 4 horas por noche. No se trata de cuántas horas puedes dormir, sino lo que haces con las horas en las que estás despierto.

. . .

La verdad es que la mayoría de nosotros no tenemos la habilidad de trabajar más 12 horas al día. Es física y mentalmente agotador hacerlo todos los días, y algo casi imposible de lograr para muchos. Lo único que podemos hacer es maximizar nuestro tiempo. Incrementar nuestra capacidad de concentración y ser más productivos, y parte de eso es tomarse descansos cortos frecuentemente.

Todas las estrategias que he mencionado antes han incluido algún tipo de descanso en ellas. ¿Por qué? Porque el descanso es igual de importante que el propio trabajo.

Así que no te avergüences de tomarte un respiro de la ajetreada vida laboral. Lo necesitamos para mantenernos eficientes y efectivos. Nadie puede estar a su máxima capacidad sin descansar de vez en cuando.

¿Cómo puedes aprender a descansar mejor? Designa un día de descanso total, así es, no revises tu correo electrónico, no contestes a las llamadas de tus compañeros, socios, o inversores. Para la mayoría, el domingo tiende a ser este día, sin embargo, puedes elegir el día que más te acomode. Recuerda volver a revisar el primer capítulo, las técnicas de bloques de trabajo y la técnica Pomodoro te enseñan cómo descansar en medio de una jornada o ciclo de trabajo.

Establece y sigue una rutina matutina

Somos criaturas de hábitos y rutinas. Si no las seguimos podemos afectar nuestros ritmos circadianos que son necesarios para mantenernos sanos emocional, mental, y físicamente. Identifica el hábito que quieres formar y establece una hora específica todos los días en el que lo pondrás en marcha.

Por ejemplo, si eres un escritor, la manera más fácil de desarrollar un hábito de escritura es escribiendo todos los días a la misma hora. Si eres un deportista, tener una rutina antes de dormir que fomente un buen descanso puede maximizar tus habilidades durante el entrenamiento.

No importa en qué estés trabajando, puedes maximizar tu efectividad al tener cualquier tipo de rutina que realices todos los días. Te sugiero que empieces con una rutina matutina. Esto se refiere a las actividades que haces en las primeras 1 y 2 horas de tu día. Esta rutina matutina es la que ayuda a que tu día sea más propenso a tener éxito. La mayoría de las personas exitosas tienen sus propias versiones de una rutina matutina. Muchas veces es una combinación de beber agua o algo saludable, escribir en un diario, meditar, hacer ejercicio, y escribir.

Crea tu rutina de la manera en la que mejor te acomode. Puede ser una corta de 15 minutos, una mediana cantidad de tiempo como 30 minutos, o tan larga como una hora, todo dependerá del tiempo que tengas disponible y lo que quieras lograr hacer en ese tiempo. Si empiezas tu día haciendo algo productivo, lo más seguro es que te contagies del entusiasmo y logres completar más tareas durante el día.

Puedes investigar sobre cosas que comúnmente se hacen en rutinas matutinas. No todo lo que intentemos nos funcionará, pero no te des por vencido. Encuentra lo que te sirva y adáptalo de la mejor manera que puedas a tu vida. Con ayuda del internet con frecuencia encontrarás más cosas para intentar.

Toma siestas

Si has seguido la mayoría de los consejos en este libro seguramente te has convertido en alguien muy productivo. Estás maximizando tu tiempo y te concentras en tu trabajo apropiadamente, pero hay un gran problema:

Una vez que el reloj marca las 12 del mediodía, te sientes cansado y completamente agotado. Has invertido tanta energía durante la mañana en las tareas más importantes y ahora sientes que ya no quieres trabajar.

Estás demasiado cansado como para seguir, pero sabes que aún tienes cosas por completar. Entonces, ¿cuál es la solución? Es sencillo: toma una siesta de entre 10 y 20 minutos. Se ha comprobado que las siestas te ayudan a recobrar tu sentido de alerta y concentrarte fácilmente.

Permítele a tu mente y cuerpo descansar por un momento, y de inmediato sentirás ese incremento de poder que te ayudará a trabajar después del medio día.

Programa tu siesta durante tu hora de almuerzo. Asegúrate de que utilices el mismo horario todos los días, y procura tomar la siesta en el mismo lugar también.

Puedes esperar que la primera semana sea difícil. No serás capaz de quedarte dormido fácilmente, por ende, te sugiero que programes la alarma en 25 minutos durante la primera semana, ya que es probable que los primeros 10 o 15 minutos los pases intentando conciliar el sueño.

. . .

Luego establece la alarma de entre 10 y 20 minutos como originalmente debías hacerlo.

Vuelvo a enfatizar el uso de la alarma, y que esta no debe sobrepasar el límite de 20 minutos. Dormir más de esta cantidad de tiempo puede tener un efecto negativo en ti.

Te sentirás nauseabundo y no serás capaz de concentrarte en el trabajo.

Si piensas tomar tu siesta en tu lugar de trabajo, intenta utilizar tapones de oído para que no tengas que escuchar el cotilleo de tus compañeros durante la hora del almuerzo. Si trabajas desde casa, pero no estás completamente solo, coloca un cartel por fuera de tu habitación que le indique a los otros habitantes que no deben interrumpirte.

Estiramientos – parte 1

Intenta realizar un ejercicio de estiramiento por cada 20 minutos de trabajo. Nuestro cuerpo no está hecho para estar sentados todo el día. Fuimos originalmente creados para cazar y mantenernos en movimiento, pero obviamente eso ha quedado en el pasado.

Así que tenemos que mover nuestro cuerpo constantemente para mantenernos en forma. Una de las mejores maneras de deshacerte de ese pequeño dolor de espalda y cuerpo es hacer ejercicios de estiramiento. Una sesión de estiramiento de 1 minuto puede aliviar mucho del estrés que ha acumulado tu cuerpo. ¡Inténtalo! Te aseguro que funciona.

Encuentra un lugar cómodo donde puedas realizar tu ejercicio de estiramiento. Si no puedes encontrar un lugar adecuado, existen diferentes rutinas cortas que puedes hacer desde tu escritorio.

Si estás utilizando la técnica Pomodoro, puedes usar parte del tiempo de descanso para realizar tus estiramientos. Haz esto consistentemente a lo largo del día para que seas capaz de generar el hábito.

Estiramientos – parte 2

. . .

Puede sonar un poco extraño, pero existe más de una manera de estirarte. El consejo anterior se enfoca en el estiramiento físico, pero en esta sección hablaremos del estiramiento mental.

Este se refiere a ejercitar tu capacidad de pensar, de convencerte de que puedes "hacer algo mejor" y que sepas que aún queda mucho potencial dentro de ti esperando a ser explotado.

Cuando empezamos un proyecto o actividad complicada, con frecuencia nos damos cuenta de que somos capaces de mucho más de lo que habíamos pensado. Mi amigo siempre decía "grandes problemas, mucho dinero" su punto no se refiere a dinero físico, sino que hace referencia a que cuando nos expandimos hasta nuestra máxima capacidad podemos cosechar mejores resultados.

Se trata de evolucionar y ser la mejor versión de nosotros mismos.

Así que esta es mi propuesta: Estira tus habilidades. ¿Tus ambiciones son demasiado pequeñas? ¿Estás minimizando tu capacidad? Estas preguntas no solo se refieren a tu capacidad para concentrarte, sino también a otras áreas de tu camino de superación personal.

¿Te hace falta concentración o solo tienes miedo de llevar a cabo el proyecto? Todos tenemos la habilidad de expandirnos.

Escoge mejorar todos los días y aprende a expandir tu límite de pensamiento. Analiza las áreas de tu vida en las que crees que podrías mejorar, pregúntate si algo te está deteniendo, o si podrías lograr más si tan solo fueras un poco más ambicioso.

7

Evalúa tu progreso

EXAMINA tu día

Para que puedas continuar siendo productivo, tienes que asegurarte de que tus tareas diarias están siendo realizadas apropiadamente. Más de la mitad de tu lista de tareas probablemente será la misma diariamente. Eso significa que puedes evaluarlas y encontrar una manera de optimizar tu tiempo de la mejor manera.

¿Cómo puedes simplificar esta tarea? ¿Puedes delegarla? ¿Qué tan urgente es que se termine? ¿Es una tarea basura? ¿De qué manera puedes reducir el tiempo que te toma llevar a cabo esta tarea? Este análisis puede dar buenos resultados para tareas repetitivas.

. . .

Toma nota del tiempo que utilizas para terminar ciertas actividades y encuentra la manera de completarlas más rápidamente. Identifica las acciones que se deben de llevar a cabo para completar la tarea. Evalúa si hay alguna forma de realizarla más rápido, o si posiblemente tenga una solución más eficiente.

Por ejemplo, asumamos que todos los días tienes que capturar las calificaciones de tus alumnos en un portal de la escuela. Hasta ahora lo has hecho uno por uno, y pierdes tiempo en esperar que la plataforma digital cargue cada vez que ingresas a los perfiles individualmente. Analiza ¿hay alguna forma de cargarlas al mismo tiempo? ¿El tiempo de carga es lenta por la velocidad del internet? ¿Puedes pedirle apoyo a alguno de tus compañeros o contratar un asistente que te ayude a capturar las calificaciones? Siempre hay formas de optimizar una tarea, selecciona la que más te acomode o menos te cueste.

Examina tu semana

. . .

Durante los sábados y domingos, siempre suelo recapitular sobre el trabajo que hice durante la semana. ¿Logré mis metas? ¿Cuántas tareas no logré concentrar?

¿Cuántas tareas tengo pendientes de realizar durante la siguiente semana de trabajo? Hacerte estas preguntas, tomar notas, hacer observaciones de lo que pensé, sentí, e hice, nos ayudan a evaluar nuestro progreso.

Al tener una imagen general de los avances que hemos logrado durante nuestro viaje de mejora de productividad nos ayudará a tomar decisiones que no podríamos considerar en un corto plazo. ¿Estoy avanzando demasiado lento? ¿De verdad me estoy acercando a mi meta? Es imposible saber esto a no ser que tengamos manera de medir el progreso semanal.

Designa un día durante el fin de semana para evaluar tu progreso. Corrobora que estés siendo capaz de terminar la mayoría de tus tareas diariamente. Después, hazte las siguientes preguntas ¿estás haciendo las tareas que te llevarán hacia tus metas? Realizar tareas al azar no significa que necesariamente te estés acercando a tus metas principales. Tienes que realizar las actividades correctas para que puedas tener un verdadero avance hacia lo que quieres lograr. Por ejemplo, si una de tus metas es aprender japonés, pero toda la semana has completado tareas para tu trabajo y no has estudiado nada de japonés, entonces no te estás acercando a tu meta, no importa que tan productivo estés siendo.

Examina tu mes, y también tu año

Cada vez nos vamos acercando más a la visión general de nuestras metas, empezamos en un nivel micro (días, semanas) y ahora nos estamos expandiendo hacia un nivel macro (meses y años). Esta es la fase donde debes de evaluar tus metas a profundidad. Puede que estés concentrado y siendo productivo, estás terminando tus tareas y haciendo más actividades, pero aún tienes que evaluar si realmente te estás acercando a lo que querías lograr inicialmente.

Las evaluaciones o examinaciones mensuales y anuales deben concentrarse en tus resultados. ¿Está verdaderamente creciendo tu negocio? ¿Estás vendiendo tu producto? ¿Realmente estás obteniendo una ganancia con tus operaciones diarias?

. . .

Este tipo de evaluaciones son aplicables a cualquier tipo de meta u objetivo. Si eres un compositor musical ¿cuántas piezas escribiste en el último año? Si eres un atleta ¿cuánto ha aumentado tu resistencia? ¿Puedes correr la misma distancia que antes? ¿más? Estas son el tipo de cosas que no puedes evaluar diaria o semanalmente, y si llegaras a hacerlo las mejoras serían tan mínimas que podrías llegar a desanimarte.

Enfócate en el panorama general y observa con cuidado las acciones que estás tomando. Corrobora que estás haciendo las acciones correctas para alcanzar tus metas. Si tu meta es ahorrar el 50% de tu salario anual para finales de año, y a la mitad del año solo has ahorrado el 15% claramente no estás haciendo lo que deberías de hacer para llegar a tu objetivo. Evalúa tus acciones y analiza qué puedes hacer para mejorar la situación. ¿Qué estás logrando mensual y semanalmente? Lo más probable es que no esté funcionando. Identifica el problema y crea una mejor solución para que puedas lograr tu cometido.

Tampoco tengas miedo de modificar tus metas. Algunas veces, el entusiasmo de empezar un nuevo proyecto nos lleva a establecer objetivos irreales o muy demandantes.

. . .

Si durante tu proceso te das cuenta de que la meta que estableciste pudo haber sido demasiado ambiciosa, es momento de modificarla. También puede ser que, cuando hablamos de metas personales, la meta haya cambiado por completo. Esto no es problema, aclara tu mente, piensa en lo que realmente quieres lograr, y reestructura tu plan de trabajo y actividades que deberás de seguir para lograr este nuevo objetivo.

Haz las cosas bien, pero no seas perfeccionista

Durante mis primeros años de la carrera laboral, decidí que me era más sencillo implementar las cosas rápidamente en lugar de esperar a que fueran perfectas para implementarlas. Ser perfeccionista puede ser peligroso porque, naturalmente, nada en este mundo es absolutamente perfecto. Siempre habrá algo o alguien mejor, y siempre habrá algo que se pueda mejorar.

Muchas de las grandes empresas modernas utilizan este tipo de visión para innovar constantemente en sus productos. La filosofía de Apple, un gigante de los artículos electrónicos y la telecomunicación se basa en que "nada es perfecto, pero siempre podemos mejorar".

. . .

Este método de pensamiento los lleva a constantemente generar mejoras en sus productos incluso cuando no son los más equipados del mercado. Tienden a ser simples, estéticos, y fáciles de usar, pero ¿perfectos? Por supuesto que no. Es la mejora continua lo que motiva a sus clientes a continuar comprando su producto nada año.

Si aún no te convenzo, te dejo una lista de los peligros que enfrentas al ser perfeccionista:

Nunca terminas las cosas — En lugar de finalizar un proyecto y comenzar con el siguiente, una persona perfeccionista desperdicia el tiempo intentando mejorar un proyecto hasta el punto de la perfección. En el caso de las empresas y negocios, muchos productos pasan por una fase de experimentación y posteriormente de evaluación del cliente. Si te quedas atorado en la fase de prueba o experimentación, nunca conseguirás la retroalimentación de tu mercado meta, y finalmente puedes encontrarte con un producto o servicio que ¡la gente nunca quiso en primer lugar!

Terminar un proyecto o producto imperfecto (siempre y cuando sean buenos y útiles) es mucho mejor que tratar de perfeccionarlo hasta el punto en el que ya se haya vuelto irrelevante para el mercado. El mundo moderno se mueve a velocidades impresionantes, y una idea hoy puede volverse obsoleta el próximo año, mes, o incluso semana.

Desperdicias algo que podría ser bueno – En nuestra aventura de encontrar el perfeccionismo, tendemos a deshacernos de "algo bueno" que ya hemos hecho. Ya invertiste una gran cantidad de tiempo y energía en eso, y ¿ahora quieres simplemente deshacerte de él? Si fuera alguien más, seguramente le recomendarías que no lo hiciera.

¿Por qué no pides retroalimentación de otras personas?

Busca un par de amigos que puedan ser honestos contigo, o a algunos extraños que les pueda ser de utilidad lo que sea que estés haciendo. Solo porque tú consideras que algo no es perfecto no significa que nadie lo encontrará útil o que todo el mundo podrá ver sus errores inmediatamente.

Comienzas a delirar – Para un perfeccionista, nada será lo suficientemente bueno. Las personas se esforzarán al máximo y los perfeccionistas aun así creerán que sus esfuerzos son basura. Esto no es solo denigrante para otras personas, sino que también te vuelve paranoico.

Comienzas a desarrollar expectativas inalcanzables y solicitudes extremas para las personas que trabajan contigo.

Algunos argumentarán que los genios más grandes de la historia eran perfeccionistas. Steve Jobs, por ejemplo, se autodenominaba como tal. Sin embargo, sus empleados lo odiaban. El ambiente de trabajo no era bueno porque Steve había creado una atmósfera en la que no era divertido trabajar. Jobs no era el tipo de jefe con el cual podías salir a cenar.

Eventualmente, tuvo que aprender a minimizar su perfeccionismo, y no fue hasta que esto sucedió que Apple tuvo la oportunidad de alcanzar un mercado más amplio.

Deja de buscar la perfección en todo. A no ser que te hayan tomado como rehén y la única manera en la que te puedan liberar sea creando el producto perfecto, la realidad es que la mayoría de las veces, un "buen" producto es suficiente.

. . .

La perfección es relativa — Lo que es perfecto para ti no necesariamente lo será para tu vecino. El término perfección es absolutamente relativo, y si inviertes tu tiempo creando un producto o perfeccionando un servicio que se adapte únicamente a tu visión de cómo debería ser idealmente, puedes terminar con un producto que te sea de utilidad, pero últimamente solo tú puedas percibir su valor. Pide opiniones acerca de tu proyecto, incluso si a veces la respuesta no es lo que querías escuchar.

Concéntrate en la aplicación en lugar de la calidad, pero recuerda no descuidarla tampoco, nadie quiere comprar un trabajo basura. Haz un buen trabajo, pero no aplaces la etapa de implementación simplemente porque quieres que sea como siempre lo imaginaste.

Todo dependerá de la percepción que tenga el mercado al que estás intentando ingresar.

Pongamos de ejemplo este libro. Quizá un entrenador profesional de productividad con dos maestrías en el manejo del tiempo y un doctorado en terminar tareas a tiempo te dirá que este libro es basura, seguramente se quejará de la poca complejidad en mis explicaciones, o de la limitada cantidad de información que estoy ofreciendo.

. . .

Pero este libro no está hecho para profesionales y académicos, no lo escribí con la intención de que lo lea el director académico de la productividad. Prefiero ofrecerte contenido práctico y útil que pueda ayudarte a cambiar tu vida, en una modalidad compacta que pueda permitirte leerlo en tu poco tiempo libre.

8

Sácale provecho a tu tiempo libre

Programa tus horas de ocio

Hemos discutido sobre esto un poco en capítulos anteriores, pero esto es importante así que decidí enfatizar en ello un poco más al darle su propia sección. Tu tiempo de ocio y placer son importantes. Es algo que necesitas para repararte mental y físicamente. Todos necesitamos un descanso, dejar de trabajar por completo, pero sabemos que es complicado. Nuestra cultura nos dice que siempre debemos de estar siendo productivos, de lo contrario somos flojos o fracasados, así que descansar a veces se siente como una tarea, y puede incluso hacernos sentir culpables. Una manera de reducir esta culpa es programando los horarios en los que descansarás.

. . .

También puedes decidir escoger las actividades que realizarás durante tus descansos. Puedes empezar por revisar tus redes sociales. Todos invertimos cierta cantidad de tiempo en ellas, así que programa tus horarios de redes sociales. Por ejemplo, puedes establecer de 7 pm a 8 pm como "hora social" y dedicarte a revisar tus notificaciones, mensajes pendientes, o incluso subir contenido.

También puedes agendar horarios de redes sociales entre tus descansos usando la técnica Pomodoro. Por ejemplo, trabaja de 8 am a 10:30 am, y entonces puedes utilizar de 10:30 a 10:45 para revisar tu red social favorita.

El secreto está en no usar las redes sociales durante momentos al azar en el día. Establece tiempos específicos para revisar tus redes sociales. Vuélvelas parte de tu rutina de trabajo. Esta es una manera efectiva de dejar de revisar tu teléfono durante el día solo porque sientes la necesidad de saber qué pasa. Al principio será difícil, se ha comprobado que las redes sociales pueden llegar a ser tan adictivas como los videojuegos y el azúcar, pero a medida que te vayas deshaciendo de este hábito, menor será la urgencia de revisar tu teléfono en medio de tu horario de trabajo.

. . .

Otros hábitos que te pueden ayudar a relajarte son ver series de televisión, deportes, o jugar videojuegos. Estas son actividades que usualmente se realizan durante los fines de semana, porque seamos honestos, sería algo embarazoso llevar tu computador portátil a la oficina y ponerte a jugar durante el descanso. Así que permítete realizar estas actividades durante los fines de semana, tómalo como una oportunidad de recargarte y olvidarte del trabajo por un rato. Cuando estés haciendo estas actividades, concéntrate únicamente en la diversión de lo que estás haciendo. Apaga tus notificaciones, deja de revisar tu teléfono cada 10 minutos, no respondas a las "llamadas de emergencia".

Si eres un padre o madre de familia, los horarios que designes para pasar tiempo con ellos deben ser el más sagrado del mundo. Me lo agradecerás en el futuro.

Si, por el contrario, tus labores son en el hogar, los horarios que designes para descansar de la naturaleza caótica de ser un padre o madre de casa deberán ser respetados.

Te aseguro que la niñera tiene todo bajo control, a tu hijo no lo ha secuestrado la mafia, y que todo saldrá bien si te das un día para ti.

. . .

Así que organiza con cuidado los horarios que utilizarás para descansar, al hacerlo te permitirás disfrutar del tiempo libre y es mucho más probable que te concentres mejor cuando necesites regresar a hacer tus labores.

Aprende a desconectarte

Nuestros dispositivos electrónicos se han vuelto una extensión de nuestras vidas hasta el punto en el que es casi imposible no utilizarlos. Pero descansar de ellos al menos un día también es un buen recordatorio de lo que realmente importa en nuestras vidas.

Una vez al mes (usualmente al final de este), me gusta seleccionar un lugar donde pueda acercarme a la naturaleza y desconectarme del mundo moderno. Dejo todos los dispositivos en casa, desde mi ordenador hasta mi tableta.

Aún llevo conmigo mi teléfono celular, puede resultar útil en caso de una emergencia después de todo, pero procuro tenerlo en silencio o en modalidad de no molestar y me pongo la meta de solo revisar los mensajes o notificaciones al día siguiente.

Me desconecto de todo lo que conozco y me rodea. Procuro ir a algún lugar donde nadie me conozca. Normalmente nado un rato, realizo sesiones de meditación, me doy un mensaje, o escribo mis ideas y proyectos futuros en una libreta.

No tienes que volverlo un super evento o vacación. Una desconexión también puede darse en tu propia casa.

Escoge las actividades que más te brindan relajación, o decide estar un fin de semana atendiendo las necesidades de tu familia o compartiendo un momento lindo con ellos. Lo importante es que no te conectes con ninguno de los aspectos negativos de tu vida o el trabajo.

También puedes encontrar un lugar cercano como una cabaña o una casa en la playa, incluso un sitio de campo.

No lleves contigo ningún dispositivo que no pueda ayudarte en una emergencia, como los teléfonos. Haz actividades que no realizas usualmente, ¡también puedes no hacer nada en absoluto! Si eso es lo que te ayuda a relajar tu mente, entonces, no hagas absolutamente nada.

Aprender a dibujar, hacer caligrafía, surfear, nadar, hacer ciclismo, montañismo, caminata de montaña, visitar museos, ir al zoológico, o pasar el día en la biblioteca. Cualquier actividad que pueda traerte un beneficio y relajación te ayudará a restaurar tu energía para la siguiente semana de trabajo.

Evita revisar tu correo electrónico

La mayoría de nosotros tenemos la costumbre de revisar nuestro correo electrónico a la primera hora del día, es normal, es de los primeros consejos que te dan algunos gurús de la organización para poder llevar a cabo tus tareas diarias. Sin embargo, es un problema cuando se vuelve parte de nuestra rutina o empezamos a revisarlo en casa, antes de comenzar oficialmente nuestro horario laboral, se puede volver una importante fuente de distracciones. Un correo electrónico es básicamente una lista de tareas para hacer de otras personas. Si recibes aproximadamente 20 correos al día, e inviertes 3 minutos de tu tiempo por cada uno, entonces estarás utilizando una hora de tu tiempo diariamente para lidiar con problemas de otras personas.

Eso no es productivo, especialmente en las mañanas.

Así que, de ser posible, y si tu trabajo te lo permite, evita los correos, especialmente si son lo primero que haces en la mañana. Yo procuro checar mi bandeja de entrada solo dos veces al día. La primera es alrededor de las 11 de la mañana y luego alrededor de las 4 pm.

Si tienes la disciplina para seguir esta rutina, te darás cuenta de que liberarás una gran cantidad de tiempo y te desharás de una gran carga mental. Dejar de pensar en demasiadas cosas te ayuda a concentrarte en las tareas que tienes por delante.

Evita tu correo electrónico y entrena a las personas para reconocer el tiempo que inviertes en sus problemas. Y es aún mejor si les notificas que solo revisas tus correos electrónicos dos veces al día. Recuerda, un correo electrónico es solo una lista de tareas de otras personas. La mayoría de los correos electrónicos ni siquiera necesitan una respuesta. Escoge los más importantes y urgentes y apégate al horario que habías establecido para tu día.

Recuerda eliminar tus suscripciones por correo a no ser que sean verdaderamente necesarias. Organiza tu tiempo de revisión de la bandeja de entrada.

Dos veces al día es suficiente para tomar acción sobre las emergencias y delegar o posponer aquellas tareas que no son tan urgentes.

Pregunta qué es lo que necesitas para el proceso

Tendemos a distraernos con facilidad cuando no estamos seguros de cuál debe ser el siguiente paso en nuestra tarea. ¿A qué me refiero? Bueno, asumamos que eres un compositor; eventualmente te quedarás sin ideas para más canciones, los bloqueos son normales y nos suceden a todos, pero cuando esto sucede quedas vulnerable a más distracciones. No estar preparado para este escenario puede matar tu concentración y productividad, así que tienes que preguntarte a ti mismo ¿qué necesito para concretar el proceso?

. . .

¿Qué puedes hacer cuando estos retrasos surgen? ¿Qué puedes hacer para asegurarte de que volverás a trabajar?

Permíteme darte otro ejemplo. Digamos que eres un asistente virtual para una compañía de bienes raíces. Si trabajas para una compañía preparada y con experiencia, seguramente te equiparon con un guión para responder a cualquier pregunta que pueda tener el cliente.

Memorizar o conocer la generalidad de estos guiones es parte del proceso. De hecho, es el proceso por sí mismo. Saber las respuestas que te ofrece el guión es lo que necesitas para llevar a cabo el progreso. Así que el requisito debería ser encontrar una manera para recolectar todas las posibles preguntas que puedan hacerte los clientes y hacer una lista de las respuestas que deberías de decir.

Sin importar si eres un compositor, o un asistente virtual, o cualquier profesión que ejerzas, el punto de este consejo es que siempre debes de estar preparado para hacer que el proceso fluya de la mejor manera, y para eso es necesario estar consciente de cuál es la siguiente tarea que debes realizar. Entre más rápido encuentres la solución, menos propenso será a caer en la tentación de las distracciones.

. . .

Identifica cuáles son las tareas vitales para tu proceso y después hazte la pregunta "¿qué aspectos de estas tareas pueden encontrarse con problemas? Encuentra esas áreas de oportunidad antes o en las primeras etapas del proceso para que puedas encontrar las mejores soluciones para ellas.

Esto no significa que tienes que encontrar problemas que no existan, recuerda, el perfeccionismo puede ser más una distracción que una ventaja. Este consejo se trata de encontrar fallas potenciales en el proyecto que puedan generarte un retraso o un bloqueo y estar preparado para las consecuencias que puedan surgir de esas fallas.

9

Herramientas útiles

Utiliza una computadora con dos monitores

Si nunca has contado con dos monitores, te aseguro que estarás bailando de alegría una vez que lo pruebes. Tener un escritorio extra, incluso virtualmente, te permitirá tener una mayor cantidad de pestañas y aplicaciones abiertas al mismo tiempo. Esto te puede ahorrar tiempo y energía al estar constantemente abriendo y cerrando programas que pueden serte de utilidad.

Tener dos monitores también te ayuda a ver diferentes documentos uno junto a otro.

. . .

Seamos honestos, muchas veces tienes que revisar o monitorear más de un documento, y en la cultura laboral moderna ya son pocos los que se entregan escritos o por fax, es importante que aprendas a utilizar la tecnología a tu ventaja.

Imaginemos que eres un administrador de publicidad en redes sociales, podrías tener una ventana abierta con las publicaciones de la red social, y en otro manejar el programa que te permite realizar análisis sobre el rendimiento de las publicaciones. De esta forma puedes hacer una comparativa entre el contenido que estás publicando y el impacto que está teniendo en el mercado meta, ¡todo sin cambiar de pestaña!

Si eres un traductor profesional, puedes utilizar uno de los monitores para tener abierto el documento que traducirás, hacer anotaciones, y leer el contenido, mientras que en el otro monitor puedes tener tu documento abierto, esto te permitiría traducir directamente sin necesidad de cambiar la aplicación o reducir el espacio que tendrías en tu único monitor.

Las posibilidades para esta manera de utilizar tu computadora son interminables.

No tienes que preocuparte si no eres un técnico en tecnología, hay muchos tutoriales sencillos en internet que pueden ayudarte a hacer esto con facilidad. Tómate el tiempo para buscar el monitor correcto, que concuerde con el modelo de tu computadora, y que se ajuste a tu presupuesto.

No tiene que ser algo muy elegante, si solo tienes suficiente dinero para un monitor barato te aseguro que será suficiente para empezar. Una vez que tengas suficiente presupuesto para una mejora entonces podrás darte el lujo de un monitor más grande o bonito.

Utiliza mapas mentales

Nuestro cerebro tiene problemas para entender nuestras ideas, sobre todo si estas nos atacan todas al mismo tiempo. Así que, cuando tengas una nueva idea para un proyecto, te recomiendo crear un mapa mental. Esto te permite plasmar tus ideas por escrito.

Por ejemplo, si estás realizando un plan de negocio, entonces puedes utilizar un mapa mental para plantear todas las ideas que se te vengan a la mente y relacionarlas con un tema principal.

El punto de este ejercicio es anotar y registrar cualquier cosa que se te venga a la mente. Nuestra meta es que la idea entera pueda ser plasmada en una pantalla o un trozo de papel.

De esta forma podemos tener un entendimiento general sobre el siguiente paso que debemos dar. También nos permite identificar y concentrarnos en la idea correcta. ¿Es una idea fundamentada? ¿Tienes suficiente conocimiento y experiencia para implementar esta idea? El mapa mental también nos puede ayudar a identificar lo que sabemos y lo que no sabemos.

Por ejemplo, asumamos que eres un atleta de alto rendimiento que quiere crear su propia bebida energética libre de químicos dañinos, pero que realmente brinde energía a los cuerpos de los atletas para rendir más durante las competencias y entrenamientos. Puede entonces que tu mapa mental inicial contenga las siguientes ideas:

Idea principal:

- Bebida energética para atletas de alto rendimiento

Ideas secundarias:

- No tiene químicos dañinos
- Tiene buen sabor
- Otorga energía
- Permite el rendimiento
- No tiene efectos secundarios
- Hecha de elementos naturales
- Se puede consumir en lata
- Puede consumirse en polvo
- Pocas calorías

Basándote en esto, puedes empezar a analizar los siguientes puntos. ¿Qué conocimiento puedes realmente tener gracias a ser un atleta de alto rendimiento? Bueno, al ser una atleta puedes saber aproximadamente cuántas calorías puedes consumir en una bebida energética para no afectar tu dieta, también sabes cómo medir la energía que te otorga una bebida energética, y tienes las herramientas para registrar y analizar tu desempeño antes y después de tomar la bebida. Seguramente también habrás probado un sinfín de suplementos alimenticios y otras bebidas energéticas, por lo que sabrás cuáles tienen un buen sabor y cuáles no.

¿Cuáles son tus deficiencias en conocimiento? Probablemente no tengas idea de qué químicos se encuentran en una bebida energética o siquiera si se pueden remover. ¿Cómo puedes eliminar los efectos secundarios? Probablemente necesitarás la ayuda de un químico o nutriólogo que te puedan ayudar a identificarlo. ¿Hay forma de consumirlo o polvo? ¿Solo se puede hacer en lata? Un experto en productos o un ingeniero en alimentos podrían ayudarte.

Tener estas ideas plasmadas te permite ver con claridad lo que puedes realizar por tu cuenta y en qué áreas probablemente necesitarás ayuda profesional. Si te das cuenta de que la mayoría de las áreas requieren ayuda externa tienes dos opciones: calcula cuánto dinero y esfuerzo necesitarás de otros individuos o modifica la idea para volverla más pequeña. Tener un concepto general de lo que necesitaríamos para llevar a cabo un proyecto también nos ayuda a poner los pies sobre la tierra y no tomar más de lo que podemos manejar.

. . .

¿Cómo puedes realizar un mapa mental efectivo? Los mapas mentales son una técnica de estudio y mapeo de ideas popularizada por Tony Buzan. Buzan parte desde el concepto que grandes cantidades de información o ideas pueden tomar forma de una manera más compacta y siendo igual de efectivas para el análisis o estudio.

Recuerda que una de las claves para un mapa mental efectivo es el uso de colores, imágenes, y otros recursos gráficos para ordenar una idea de diferentes ramas, así que no tengas miedo de usar todos los recursos que tengas al alcance.

Primero, tienes que decidir tu palabra o idea clave, trata de no usar tantas palabras, de lo contrario puedes abrumar a tu cerebro y detener el flujo de las ideas.

Usando el ejemplo que utilicé antes, la idea principal para una bebida energética puede ser simplemente "bebida energética".

Después, puedes empezar a añadir las ramas, puedes comenzar con cuatro o cinco. Las ramas deben de ser cada una de un color diferente e irradiar desde el centro del mapa. Deben extenderse por un par de centímetros, esto para evitar que el mapa se vea demasiado compacto y pierda su efectividad gráfica al hacer que el contenido se sienta desorganizado o abrumador. Puedes añadir más ramas posteriormente de ser necesario.

Añade un par de sub-ramas a estas ramas principales.

Recuerda escoger una aplicación o superficie que te permita el suficiente espacio para añadir todas las ideas que tienes en mente. Estas ramas representarán las ideas terciarias, o las ideas que se desprenderán de las sub-ideas. Evita utilizar una gran cantidad de oraciones o explicaciones, el secreto para un mapa mental efectivo es permitir la simplicidad, incluso si este se sigue expandiendo constantemente.

Procura utilizar colores que te hagan sentido. Quizá asocies una bebida energética con el color verde, o los químicos necesarios con el color amarillo. No dudes en utilizar colores para tu mapa mental, esto te ayudará a relacionar la información más adelante. Si estás usando tu mapa mental para implementar una idea que ya has analizado y entendido su valor, esto te ayudará a simplificar el contenido cuando te encuentres en la fase de planeación.

Por último, haz pequeños dibujos rápidos o utiliza símbolos que te ayuden a relacionar las ideas. Si no eres un artista nato, puedes utilizar una impresora. Esto te ayudará a no saturarte o abrumarte cuando estés buscando información específica que te pueda orientar en las tareas que debes realizar.

Utilizando el ejemplo anterior, imaginemos que las ramas más importantes de la creación de una bebida energética son el contenido, el presupuesto, el marketing, y la producción. Probablemente asocies el contenido con una caja, el presupuesto con un símbolo de dólar, la publicidad con un ícono de computadora, y la producción con una pequeña fábrica. De cada uno de estos íconos se desprenden una gran cantidad de ideas, y todas serán fácilmente accesibles si están organizadas correctamente.

No debes tener imágenes en cada rama, lo importante es que tu mapa sea una estructura limpia y leíble de tus ideas, no importa si después añadirás más o te desharás de algunas. La finalidad de un mapa mental es ahorrarte tiempo durante la fase de análisis y planeación. Te generará una sensación de control y dirección y, por ende, te motivará a perseguir el proyecto.

Crea un mapa mental cada vez que tengas una nueva idea, no importa si en verdad quieres implementarla o no.

Siempre querrás tener tus ideas por escrito, y la mejor forma de hacer eso es crear un basurero mental.

Esta expresión no significa que tus ideas sean basura, pero la realidad es que muchas de ellas terminarán siendo desechadas y, de vez en cuando, encontrarás un par que podrás llevar a cabo satisfactoriamente.

No te apresures a emitir un juicio sobre tu idea. Déjala fluir y analízala varias veces, tómate tu tiempo estudiándola y las posibilidades o consecuencias que podría atraer, una vez que tengas claro todos los aspectos de ella y los recursos que necesitarías define si vale la pena implementarla o no.

Incrementa tu capacidad de atención

. . .

Nuestra capacidad para mantenernos concentrados en una tarea puede ser un gran factor para el éxito de nuestras actividades diarias. Las buenas noticias es que tu capacidad de atención es tan flexible como una goma de hule. Puedes entrenar a tu cerebro a concentrarse mejor y mantener tu atención en una cosa o tarea específica.

Sin embargo, esto no sucede por sí mismo. Como cualquier otro hábito, debes de poner esfuerzo e invertir tu tiempo para generar un cambio.

Aquí hay algunas técnicas que puedes implementar para incrementar tu capacidad de atención:

Mantén tus alrededores en silencio – Demasiado ruido puede llegar a ser una distracción y hacer que nuestra atención se desvíe hacia otras cosas. Si te encuentras en una habitación o ambiente silencioso donde el ruido no pueda escabullirse tendrás una mejor oportunidad de mantenerte concentrado.

En consejos anteriores, te recomendé que consiguieras algunos auriculares de cancelación de ruido o tapones para los oídos que te permitan el silencio no importante en donde te encuentres. De hecho, quiero enfatizar una vez más sobre la gran utilidad que tienen estos instrumentos, basando en mi experiencia son una de las herramientas más valiosas que he podido obtener, son una gran inversión para mejorar la concentración y productividad.

Memoriza objetos, cosas, o escritos – Puedes practicar tu memoria de diferentes maneras, pero una barata y muy sencilla es utilizar cartas. Compra una baraja y practica memorizando el orden de los números, después, intenta mezclarlas y sacar una secuencia de 10 cartas. ¿Puedes recitar los números, las formas, y el orden en el que salieron?

Sé que en estos momentos puede parecer imposible, pero este ejercicio puede ser de gran utilidad para entrenar tu memoria a corto plazo.

También puedes recurrir a la tecnología para realizar estos ejercicios. En la tienda de aplicaciones de tu dispositivo seguramente encontrarás aplicaciones para ejercitar tu memoria y otras habilidades cerebrales que con frecuencia no tomamos en cuenta. Nuestro cerebro es un músculo, y como tal debemos entrenarlo constantemente para que no se torne flojo o inútil.

. . .

Mantente hidratado – Tendemos a infravalorar el poder que tiene el agua en nuestro cuerpo. Es uno de los elementos más importantes para nuestra supervivencia y funcionamiento óptimo de nuestro cuerpo. Aun así, es una de las actividades más fácilmente dejadas de lado o aplicadas incorrectamente, con la llegada de los jugos de fruta y aguas carbonatadas tendemos a caer en la ilusión de que estamos tomando agua, cuando en realidad consumimos jarabes de azúcar diluido.

Un estudio realizado en la Universidad de Barcelona concluyó que una disminución del 2% en nuestro nivel de agua corporal puede tener un gran efecto en nuestro sentido del humor y habilidad para concentrarnos. Procura tomar al menos un sorbo de agua cada 30 minutos, le darás una ayuda extra a tu cerebro para revitalizarse y continuar con tus actividades.

Consume alimentos ricos en vitaminas – Cabe mencionar que siempre te recomiendo que consultes primero con tu médico de cabecera sobre las opciones que puedes tener para consumir suplementos alimenticios o ciertos tipos de alimentos, pero personalmente puedo asegurarte de que obtuve un gran beneficio en consumir omega 3 y complejo B-12. Estos son dos componentes naturales que se pueden encontrar en pescados como el atún, el salmón, y otras especies de su familia. Puedes consumirlo de manera natural incluyendo estos animales en tu dieta común o en forma de suplementos alimenticios. De nuevo, es necesario que primero consultes con un nutricionista o médico sobre los posibles beneficios o problemas que el consumo de estos suplementos pueda llegar a tener en ti.

Dicho todo lo anterior, existe un trastorno de déficit de atención también conocido como TDAH (o ADHD por sus siglas en inglés). A medida que la tecnología de diagnóstico ha ido mejorando, se ha detectado la presencia de este trastorno en muchos adultos funcionales.

Este trastorno no te hace incapaz de concentrarte, pero ciertamente puedes requerir técnicas especializadas o incluso medicación. Algunos de los síntomas más marcados de esta enfermedad son:

- Impulsividad
- Desorganización y problemas para establecer prioridades
- Escasas habilidades para administrar el tiempo
- Problemas para concentrarse en una tarea
- Problemas para realizar múltiples tareas a la vez

- Actividad excesiva o inquietud
- Escasa planificación
- Baja tolerancia a la frustración
- Cambios de humor frecuentes
- Problemas para realizar tareas y terminarlas
- Temperamento irascible
- Problemas para enfrentar el estrés

Si crees que puedes tener alguno de estos síntomas, te sugiero visitar a un profesional o consultar con tu médico de confianza. Involucrarte en terapia para adultos o consumir los medicamentos adecuados para tu trastorno puede ayudarte sobre manera a mejorar tu calidad de vida, productividad, y desempeño laboral en general.

Poco a poco nos hemos estado deshaciendo del estigma que rodea a estos trastornos mentales, y más empresas han adecuado sus instalaciones para ayudar a sus empleados con estos trastornos a dar lo mejor de sí y utilizar sus habilidades naturales al máximo.

Utiliza señales de no molestar

Puede sonar como una idea un tanto tonta, pero es impresionante lo efectivo que esto puede llegar a ser.

. . .

Cuando tienes un señalamiento de "no molestar" en tu puerta las personas tienden a respetarla e interrumpirte menos.

Por supuesto, no eliminará por completo a los vampiros de tiempo. Alguien que esté determinado a usar tu tiempo siempre intentará todo lo posible para lograrlo, pero te ayudará a eliminar la posibilidad de distraerte por visitas inesperadas y no necesitadas.

Cabe aclarar, que esto es solo una manera física de implementar tus límites personales.

Puedes utilizar otras herramientas digitales como un correo masivo indicando que no deberás ser molestado o incluso un mensaje en el grupo de texto de la oficina, o hasta de tu familia si trabajas en casa.

Compra un letrero de "no molestar". Preferiblemente querrás uno que pueda ser girado para expresar tu disponibilidad, similares a los que encontrarías en una tienda o en la puerta de una habitación de hotel.

Crea una lista de tareas por NO hacer

Lo que no puedes o debes hacer es tan importante como lo que realmente haces. Puede que te sientas productivo y concentrado y tengas la percepción de que estás completando tus tareas, pero ¿son las tareas correctas?

Recuerda que la verdadera forma de medir la importancia de una actividad o tarea es qué tanto influyen en el cumplimiento de tus metas generales (sean a corto o largo plazo). Presta atención para que no caigas en un autoengaño productivo. ¿Realmente te estás acercando a eso que quieres lograr con cada una de las tareas que llevas a cabo? ¿Estás solo pretendiendo ser productivo?

En varias ocasiones te verás en el caso de decirte a ti mismo que estás mejorando incluso cuando, en realidad, no te estás acercando en lo absoluto a las metas que te habías impuesto.

Es importante que seas honesto contigo mismo e identifiques las tareas que verdaderamente te están acercando a tu objetivo. Todas las que no parezcan ir en la dirección del éxito deberán de ser categorizadas en la lista de "tareas por NO hacer". De esta forma puedes tener una guía clara de qué tareas no son dignas de tu tiempo y esfuerzo, y de ser posible deberías de delegarlas o desecharlas por completo.

Puedes usar las evaluaciones semanales, mensuales, y anuales de tus metas como punto de referencia. Recuerda que algunos aspectos serán mejor percibidos si los vemos desde la imagen general de nuestros planes y proyectos.

Deshazte de la política de la puerta siempre abierta

Este consejo siempre es importante, pero sobre todo para aquellos que tienen un puesto de gerencial o se encuentran liderando un proyecto.

Estoy consciente de que muchos gurús de la administración de proyectos y talento humano aún recomiendan implementar una política de "mi puerta siempre está abierta" de parte de los ejecutivos. Pero con mi más grande cariño y aprecio te digo: ¡Detente!

. . .

No tiene el efecto que muchos de ellos creen que tiene, en realidad, esta política genera una cultura de distracción, lo cual termina siendo contraproducente para la mayoría de las organizaciones. ¿Cómo esperas que un negocio se mantenga a flote y el director general de la compañía está siendo interrumpido cada 15 minutos? Muchas cosas no serían terminadas si todas las personas realizaran las solicitudes que otros les hacen de repente.

Echa esta política a la basura, no tienes que hacerlo de manera grosera ni poco amigable. Solo mantén informados a tus subordinados de los horarios en los que estarás disponible para atenderlos y apégate a ellos.

Algunas emergencias serán excepciones, pero la realidad es que la mayoría de las veces las personas solo son demasiado flojas como para encontrar las soluciones por sí mismas. Permíteles incomodarse y utilizar su mente y habilidades para salir de sus propios aprietos, ¡les estarás haciendo un favor!

Interésate genuinamente en lo que estás haciendo

Ninguna técnica de productividad podrá compararse con el sentirse verdaderamente apasionado sobre un tema o una tarea. Cuando tienes interés en lo que estás haciendo y lo disfrutas genuinamente te será más fácil sobreponerte a los tiempos difíciles que eventualmente enfrentarás durante tu proyecto.

Cuando estás interesado y comprometido con tus acciones, concentrarte es realmente sencillo. No tienes que luchar contra la voz que te dice que veas televisión en lugar de trabajar, naturalmente te sentirás atraído por ello y querrás realizar dichas actividades. No importa si tu interés es en las actividades por sí mismo o únicamente en la meta principal, es importante tener esta motivación natural para hacer las cosas.

Ahora, no puedo darte un listado de cosas que te puedan interesar, debes realizar un ejercicio de auto descubrimiento para entender lo que verdaderamente te gusta, si se alinea con las habilidades que tienes naturalmente o has adquirido con los años, y si te va a brindar un beneficio personal y emocional.

Si estás teniendo problemas con este proceso, te sugiero investigar en internet o contactar con un orientador vocacional. Estos profesionales pueden realizar una serie de exámenes de personalidad, habilidades, e intereses que puedan guiarte hacia el proyecto o profesión más factible para ti. Si tu presupuesto es limitado, en internet se encuentran una gran cantidad de pruebas disponibles gratuitamente, ¡solo asegúrate que sea una página confiable! De preferencia utiliza los recursos gratuitos que ofrecen algunas universidades o instituciones de psicología.

Encuentra lo que disfrutes hacer y minimiza la cantidad de tareas que no se encuentren en ese rango de interés.

Puede que te tome meses, o incluso años, pero descubrir algo para lo que eres bueno y que te hace feliz es una aventura que siempre valdrá la pena.

Aprende a través de la experiencia

Seamos honestos, a no ser que tengas una rara condición que afecta a menos del 1% de los humanos, no tienes una memoria a prueba de todo.

. . .

No somos una cámara digital ni mucho menos de vídeo, no podemos recordar todo de inmediato y con la misma cantidad de exactitud ni aunque quisiéramos.

Para adentrarnos en una nueva tarea o proyecto en ocasiones tendremos que regresar a nuestros orígenes: el estudio o aprendizaje. Sin embargo, después de cierta edad, aprender se vuelve algo difícil e incluso aburrido.

Para esto te tengo un pequeño truco, la retroalimentación que nos genera una emoción, e incluso la inspiración por sí misma, nos motiva a aprender más rápida y eficientemente.

Para sacarle el mejor provecho a este modelo, necesitas entender específicamente qué es lo que necesitas aprender. Recuerda el flujo de las tareas que analizamos durante uno de los consejos pasados, el aprendizaje tiene el mismo principio: debes saber con certeza qué tipo de conocimiento necesitas adquirir para llevar a cabo la tarea que debes realizar. Por ejemplo, si necesitas aprender el pasado perfecto en francés, debes tener por seguro lo que eso significa. ¿Necesitas un contexto casual?

. . .

¿Un contexto formal? Define con claridad tus metas de aprendizaje, y anótalas en algún lugar de ser necesario, puede ser en tus evaluaciones mensuales o incluso semanales.

Para poner en práctica este modelo, primero necesitas asegurarte de que te encuentras en un ambiente donde puedes obtener la experiencia. No aprenderás a hablar francés si estás rodeado de personas que solo hablan español. Siguiendo el ejemplo del idioma, lo ideal sería que te suscribas a un salón de chat en línea para estudiantes de francés, o encuentres un grupo de plática cerca de tu hogar, o encuentres alguna forma de conectar con hablante nativo. ¿Dónde puedes encontrar a este tipo de personas, grupos, y oportunidades? Ahí se encuentra el primer reto.

Una vez que hayas superado el obstáculo de la localización te adentrarás un poco más en el mundo al que buscas ingresar, te llenarás de conocimiento empírico y eventualmente habrás acumulado una cierta cantidad de experiencia. Entonces es el momento de pasar a la segunda fase del método. Tienes que, conscientemente, analizar lo que has aprendido. A esta se le llama la fase de reflexión.

. . .

Utiliza alguna de las técnicas que te enseñé anteriormente para plasmar en una hoja o documento todo lo que aprendiste, ¡incluso puedes usar los mapas mentales para ello y revisar tus apuntes después! También, antes de continuar, tienes que hacerte las siguientes preguntas: ¿te generó interés?, ¿te fue beneficioso?, ¿te ayudó a entender con mejor fluidez el tema o proceso en el que te estás enfocando?

Siempre debes de considerar el impacto que cualquier acción está teniendo sobre tus metas establecidas. Personalmente soy un gran fanático de la educación continua, me encanta aprender y motivar a otros a seguir aprendiendo sin importar su edad, grado académico, u orientación vocacional, pero aprender sobre temas al azar puede resultar contraproducente, una vez que hayas terminado de acumular experiencia pregúntate: ¿lo que aprendí y estudié me acercó a la meta que quiero lograr? Si la respuesta es no, podrías considerar aprender otra habilidad, pero si la respuesta es sí ¡enhorabuena!

El aprendizaje empírico se encuentra en todos lados, jamás aprenderás a tocar la guitarra si no sostienes una entre tus manos, así como nunca podrás aprender a andar en bicicleta si no te subes a una y te caes un par de veces.

· · ·

Es durante estos errores que tendemos a aprender más fácilmente, a este concepto se le llama "retroalimentación empírica" y te enseña a que la experiencia es el mejor maestro, te motiva a sentirte cómodo con el fracaso y a abrazar la retroalimentación como una herramienta más hacia el éxito.

Una vez que hayas reflexionado sobre lo que has aprendido y cuál fue tu experiencia haciéndolo, puedes empezar a generalizar tu conocimiento, y eventualmente aplicarlo. Por ejemplo, imaginemos que eras un chef pastelero en entrenamiento, una vez que hayas aprendido a dominar un par de recetas, entonces puedes empezar a aplicar las habilidades que has aprendido y los principios que has observado (cómo mezclar adecuadamente, las medidas ideales de cada condimento, qué sabores se complementan el uno al otro, etc.) en otros experimentos culinarios.

De esta forma, empezarás a apreciar como las habilidades pueden ser generalizadas, y como pueden beneficiarte en otras situaciones. Por ejemplo, podrías aprender que mezclar con ímpetu es necesario para obtener un pastel perfecto.

. . .

De esta forma, puedes llegar a crear una regla general: "cuando hornees un pastel, siempre debes mezclar hasta que no haya ningún grupo" y futuramente comenzarás a utilizar este principio en otras recetas de repostería, por ejemplo, en galletas.

Cuestionar los principios también es una manera interesante de aprender y crear. ¡Muchos de los inventos más grandes de la historia fueron accidentales! Por ejemplo, Sir Alexander Fleming, el descubridor e inventor de la penicilina, solo logró darse cuenta de que el antibiótico estaba actuando en las bacterias a su alrededor cuando una de las placas de Petri que utilizaba para otros experimentos se había caído detrás e infectado con mogo.

Gracias a este accidente, pudo replicar la penicilina y crear otros antibióticos que revolucionaron la medicina moderna.

Otro de los inventos más famosos, que surgieron como accidente y experimentación, es la invención del famoso refresco de cola. En 1880, John Pemberton, un farmacéutico, creó una mezcla de vino de coca que se usaba como remedio para dolores de cabeza y desórdenes nerviosos.

. . .

Cuando atacó la prohibición en 1885 y todo el alcohol fue prohibido en muchas áreas de Estados Unidos, Pemberton intentó hacer una versión que utilizaba agua carbonatada en lugar de las azúcares que ofrecían una fermentación natural. Como resultado, le entregó al mundo una bebida que trascendería las épocas futuras y sería una de las más populares de la era moderna.

Ahora lo has visto, aprender experimentando es de las mejores maneras de obtener y desarrollar habilidades.

Aunque esto puede parecerte un ciclo o un proceso la realidad es que nos encontramos en constante aprendizaje sea voluntario o no. No tienes que empezar de la manera en la que lo indica este método, por ejemplo, si alguna vez empezaste a aprender guitarra, pero nunca llegaste a la fase de práctica, puedes hacer el ejercicio de reflexión, piensa a consciencia lo que sabes sobre ella, el conocimiento que tienes, y las áreas donde careces de habilidad, y puedes moverte a la fase de experimentación.

De la misma forma puedes simplemente haber desarrollado una habilidad y no saber realmente como replicarla, entonces puedes llevar esa habilidad a la generalización.

· · ·

Asumamos que tienes una empresa de confección de zapatos deportivos para hombres, pero el mercado cada vez más empieza a solicitar zapatos deportivos para mujer. En primera instancia puedes pensar: "Nunca he hecho zapatos para mujer, no sé como hacerlos" pero ponte analizar a conciencia. Las bases para hacer calzado deberían de ser las mismas sin importar el mercado al que vaya dirigido. Puedes empezar con un modelo usando las mismas bases que utilizabas para el calzado de hombre, después realiza una prueba de mercado, esta técnica puede mezclarse con otros de los consejos que hemos observado a lo largo de este libro, permite que otras personas te den su opinión sobre el proyecto que estás realizando. ¿Es del agrado del mercado meta? Probablemente el primer modelo no lo sea, ¿qué aprendiste de este ejercicio? Realiza la fase de reflexión y aplica lo aprendido a un nuevo modelo.

El secreto del modelo de aprendizaje empírico es no tenerle miedo al fracaso, sino reconocerlo como una parte importante del crecimiento y aprendizaje. Analiza tus fallos, aprende de ellos, e implementa nuevas estrategias para resolver los problemas que puedan surgir en tus proyectos o incluso en las tareas que tengas que realizar diariamente.

Conclusión

La concentración es una de las habilidades más importantes que puede tener un ser humano, y es algo que todos tenemos el potencial de desarrollar a un alto grado. Es cuestión de cultivar el hábito de mantenerla y practicar las diferentes técnicas que te permitirán deshacerte de direcciones. Si aplicas los consejos y técnicas que exploramos en este libro, te aseguro que eventualmente podrás desarrollar un alto grado de concentración que te ayudará a llegar a los objetivos que te has propuesto, a empezar o terminar los proyectos que tienes en mente, y en general a ser mucho menos distraído. Esto es algo sobre lo cual podemos tener control, y también es algo que podemos construir con una pequeña ayuda y esfuerzo.

Conclusión

¿La vida está llena de pequeñas distracciones que te rodean constantemente? Por supuesto.

Nadie ha dicho que sea algo fácil, el ritmo en el que vivimos nuestras vidas y en el que la sociedad a nuestro alrededor se mueve se encuentra en constante incremento. Pero para ello te he brindado una gran cantidad de ideas en este libro, para que puedas luchar contra ellas cada vez que se presenten.

Recuerda la idea principal que te comenté al principio: No todas las ideas funcionan para todas las personas. Lo que te recomiendo es tomar aquellas que te hayan sido de utilidad, y deshecha aquellas que encuentres tontas o simplemente no hayan tenido un efecto relevante en tu productividad.

Concéntrate en aquellas que estás seguro de que funcionan para ti y continúa añadiendo y cultivando hábitos que sabes que tienen un impacto positivo en tu concentración y el alcance de tus metas. No le tengas miedo a fallar y utiliza tus fracasos como tu herramienta más importante hacia el éxito. Ahora te he compartido todo lo que he aprendido a lo largo de mi vida sobre la productividad y concentración, espero que más de un consejo te haya podido ser de ayuda. No me queda más que desearte lo mejor en este nuevo viaje hacia una vida más concentrada y productiva.

www.ingramcontent.com/pod-product-compliance
Lightning Source LLC
LaVergne TN
LVHW021720060526
838200LV00050B/2766